ARD-Ratgeber Recht
Herausgeber: Dr. Frank Bräutigam

MIETMINDERUNG BEI
WOHNUNGSMÄNGELN

SWR>>  **verbraucherzentrale**

Eine Produktion des Südwestrundfunks in Zusammenarbeit
mit den Verbraucherzentralen

Ob der Lärm aus der Nachbarwohnung die Nachtruhe stört, die Heizung
dauernd streikt oder Feuchtigkeit und Schimmel Einzug halten – Wohnungsmängel sorgen nicht nur für Ärger, sondern können schlimmsten-
falls sogar Gesundheitsschäden verursachen. Doch in welchen Fällen
kann die Miete gemindert werden, weil die mangelhafte Wohnung nur
eingeschränkt oder gar nicht zu nutzen ist? Was müssen Mieter als
unwesentliche Beeinträchtigungen hinnehmen? Woran muss man sich bei
der Berechnung von Mietminderungsquoten orientieren? Welche Rechte
haben Mieter, wenn der Vermieter sich quer stellt und die Mängel nicht
beheben will? Der Ratgeber erklärt anschaulich, wie Mieter vorgehen
müssen, um Wohnungsmängel beim Vermieter korrekt anzuzeigen und
auf Abhilfe zu pochen. Viele beispielhafte Urteile zu den verschiedenen
Mängeln rund um Wohnung, Gemeinschaftsanlagen und Wohnumfeld
geben Orientierungshilfe, um die Höhe möglicher Minderungsquoten zu
bemessen. Nicht zuletzt wird erklärt, wann Mieter Schadenersatz wegen
Wohnungsmängeln fordern oder gar fristlos kündigen können.

Ulrich Ropertz ist Jurist und Leiter der Presse- und Öffentlichkeitsarbeit
des Deutschen Mieterbundes.

Ulrich Ropertz · Deutscher Mieterbund

MIETMINDERUNG BEI WOHNUNGSMÄNGELN

 Rechtslage

 Rechtsprechung, Urteil

 Wichtig

 Beispiel

 Vorsicht, Risiko!

 Tipp, Ratschlag

 Musterbrief, Vorlage

 Checkliste

Bibliografische Information der Deutschen Bibliothek
Die Deutsche Bibliothek verzeichnet diese Publikation in der
Deutschen Nationalbibliografie; detaillierte bibliografische Daten sind
im Internet über http://dnb.ddb.de abrufbar.

1. Auflage 2012
© Verbraucherzentrale NRW, Düsseldorf, www.vz-nrw.de
Printed in Germany.
ISBN 978-3-940580-67-2

LIEBE LESERIN, LIEBER LESER, UND NATÜRLICH AUCH: LIEBE ZUSCHAUERIN, LIEBER ZUSCHAUER DES ARD-RATGEBER RECHT,

das Recht gilt gemeinhin als eine trockene und komplizierte Angelegenheit. Da ist durchaus etwas dran. Trotzdem lautet meine Erfahrung und meine Überzeugung: Hinter jedem schwierigen Paragrafen, hinter jedem Urteil im Juristendeutsch der Gerichte verbergen sich fast immer die Geschichten, Probleme und Schicksale von Menschen – und zwar von Ihnen, liebe Leserinnen und Leser, liebes Publikum. Die schwierigen Paragrafen und ihre Folgen zu erklären, gleichzeitig aber die Geschichten der Menschen dahinter nicht zu vergessen, das ist das erklärte Ziel unserer Sendung „ARD-Ratgeber Recht".

Wohl kaum eine Redaktion im deutschen Fernsehen bekommt so viel Zuschauerpost mit konkreten „Hilferufen". Sie schildern uns Ihre Fälle und bitten uns in Briefen und E-Mails oft um Unterstützung. Dieses Vertrauen in unsere Arbeit ehrt uns sehr, und Ihre Probleme und Fragen sind uns ein wichtiges Anliegen. Allerdings müssen wir Ihnen oft auch antworten, dass wir Ihnen eine konkrete Rechtsberatung im Einzelfall leider nicht geben können und dürfen. Wir haben einen Programmauftrag, der darin besteht, rechtliche Fragen allgemein und leicht verständlich im Fernsehen aufzuarbeiten. Dafür nehmen wir dann gern Ihre konkreten Fälle als Beispiele und sind deshalb weiterhin für jede Zuschrift dankbar. Alles Weitere aber übersteigt in der Regel unsere Möglichkeiten – mit einer Ausnahme: der traditionsreichen Buchreihe zum ARD-Ratgeber Recht.

Damit können wir Ihnen – immer anknüpfend an die Themen unserer Sendungen – umfangreichere Informationen an die Hand geben; mehr, als wir im Fernsehen leisten können. Das Ziel der Reihe ist es, verständliche und erschwingliche Bücher zu den juristischen Themen der Sendung ARD-Ratgeber Recht anzubieten. Unsere erfahrenen Autoren wollen Sie im juristischen Alltagsdschungel an die Hand nehmen und Ihnen Orientierung bieten – mit gut verständlichen Erklärungen, einem klaren Aufbau und einem modernen Design. Hinzu kommen Musterbriefe, Tipps und viele Ratschläge.

Betreut wird die Buchreihe – wie auch die Sendung ARD-Ratgeber Recht – von der ARD-Rechtsredaktion des Südwestrundfunks (SWR) in Karlsruhe, der „Residenz des Rechts". Von dort aus produzieren wir den ARD-Ratgeber Recht und berichten darüber hinaus in den Nachrichtensendungen von ARD und SWR über „alles, was Recht ist". Ich würde mich freuen, wenn Sie diese Buchreihe wie unsere Arbeit auf dem Bildschirm weiterhin so freundlich und kritisch begleiten und uns die Treue halten!

Eine aufschlussreiche und angenehme Lektüre wünscht Ihnen

Dr. Frank Bräutigam,
Leiter der ARD-Rechtsredaktion, Karlsruhe

INHALT

03 SONSTIGE MIETERRECHTE BEI WOHNUNGSMÄNGELN

04 20 GRUNDREGELN FÜR MIETER IM ÜBERBLICK

05 ANHANG

ABKÜRZUNGEN

AG	Amtsgericht
bzw.	beziehungsweise
BGB	Bürgerliches Gesetzbuch
BVerfG	Bundesverfassungsgericht
dB(A)	Dezibel (Maßeinheit für den Schalldruckpegel)
DWW	Deutsche Wohnungswirtschaft
f.	folgende
GE	Grundeigentum (Zeitschrift)
GuT	Fachzeitschrift Gewerbemiete und Teileigentum
KrsG	Kreisgericht
LG	Landgericht
MDR	Monatsschrift für deutsches Recht
NMV	Neubaumietenverordnung
NJW	Neue Juristische Wochenschrift
NZM	Neue Zeitschrift für Miet- und Wohnungsrecht
OLG	Oberlandesgericht
OVG	Oberverwaltungsgericht
ppm	parts per million
RR	Rechtsprechungs-Report
VerfGH	Verfassungsgerichtshof
VG	Verwaltungsgericht
vgl.	vergleiche
VuR	Verbraucher und Recht
WuM	Wohnungswirtschaft und Mietrecht (Zeitschrift)
ZMR	Zeitschrift für Miet- und Raumrecht

WOHNUNGSMÄNGEL: MIET-MINDERUNG UND ANDERE GEWÄHRLEISTUNGSRECHTE

Im Bürgerlichen Gesetzbuch werden auch Rechte und Pflichten von Mietern und Vermietern geregelt. Zentraler Begriff für Gewährleistungsansprüche des Mieters sind die Wohnungsmängel. Denn weicht die Wohnung vom per Mietvertrag vereinbarten Zustand ab, kann der Mieter die Miete mindern, Schadenersatz fordern, in Notfällen Mängel selbst beseitigen oder sogar fristlos kündigen.

GESETZLICHE REGELUNGEN: ÜBERBLICK

Das Bürgerliche Gesetzbuch (BGB) enthält eine Handvoll von Bestimmungen, die Rechte und Pflichten von Mietern und Vermietern bei Wohnungsmängeln regeln.

§ 535 BGB bestimmt, dass sich der Vermieter durch den Mietvertrag verpflichtet, dem Mieter den Gebrauch der Mietsache während der Mietzeit zu gewähren. Die Wohnung ist in einem zum vertragsgemäßen Gebrauch geeigneten Zustand – also mängelfrei – zu übergeben und so während des Mietverhältnisses zu erhalten.

Danach ist es also Hauptpflicht des Vermieters, dem Mieter die Wohnung zu überlassen. Zugleich ist er ebenfalls verpflichtet, die Wohnung in einem ordentlichen Zustand an den Mieter zu übergeben und die vertragsgemäße Nutzung auch während der Mietzeit sicherzustellen.

Hauptpflicht des Mieters ist es dann im Gegenzug, dem Vermieter die vereinbarte Miete zu zahlen.

Im Idealfall bedeutet das: Mieter und Vermieter schließen einen Mietvertrag. Der Vermieter übergibt dem Mieter die Schlüssel für die intakte Wohnung. Während der Mietzeit auftretende Mängel beseitigt der Vermieter umgehend, sodass der vertragsgemäße Zustand der Wohnung schnellstmöglich wiederhergestellt wird.

Der Mieter zahlt im Gegenzug vollständig und bis zum letzten Cent die Miete.

Doch leider: So reibungslos verlaufen Mietverhältnisse nicht immer. Gleichgültig, ob sich Vermieter um die Mängelbeseitigung gar nicht, verspätet oder nur unzureichend kümmern, ob sie den Mangel bestreiten oder relativieren: Meist ist Ärger vorprogrammiert. Ob Ausfälle der Heizung, defekte Aufzüge oder undichte Fenster: Mängel der Mietwohnung zählen zu den häufigsten mietrechtlichen Problemen.

§ 536 BGB bestimmt, dass der Mieter von der Entrichtung des Mietzinses befreit ist, wenn die Mietsache zur Zeit der Überlassung einen Mangel hat, der sie für den vertragsgemäßen Gebrauch untauglich macht. Das Gleiche gilt, wenn ein solcher Mangel während der Mietzeit entsteht. Die Miete muss solange nicht gezahlt werden, bis die Wohnung wieder vertragsgemäß genutzt werden kann. Ist die Tauglichkeit gemindert, muss der Mieter nur eine angemessen herabgesetzte Miete entrichten.

Das bedeutet: Kann der Mieter die Wohnung wegen der Mängel überhaupt nicht gebrauchen, muss er gar keine Miete mehr zahlen. Ist die Wohnung nur eingeschränkt nutzbar, kann er entsprechend weniger Miete zahlen (Mietminderung). Allerdings ist eine Mietminderung ausgeschlossen, wenn die Mängel die Tauglichkeit nur unerheblich einschränken.

Neben dem Recht zur Mietminderung räumt das Gesetz betroffenen Mietern auch Schadenersatzansprüche ein.

Nach § 536 a BGB können Schadenersatzansprüche nur bei einem Mangel geltend gemacht werden, der schon bei Vertragsabschluss vorlag. Bei einem später entstehenden Mangel ist Voraussetzung für Schadenersatzansprüche, dass der Vermieter diesen zu vertreten hat oder mit der Beseitigung eines Mangels in Verzug ist.

In diesem letzten Fall kann der Mieter den Mangel dann selbst beseitigen und vom Vermieter den Ersatz seiner Kosten verlangen. Das gleiche Recht hat der Mieter, wenn der Mangel umgehend beseitigt werden muss, um die Mietsache zu erhalten oder wiederherzustellen.

Vorsicht

Kannte der Mieter den Mangel der Mietsache schon bei Vertragsabschluss, stehen ihm laut § 536 b BGB keine Rechte aus den §§ 536 und 536 a BGB zu. Auch wenn bei Vertragsabschluss ein Mangel infolge grober Fahrlässigkeit unbekannt geblieben ist, stehen dem Mieter diese Rechte nur ausnahmsweise zu. Voraussetzung ist dann, dass der Vermieter den Mangel arglistig verschwiegen hat.

Übernimmt der Mieter die Wohnung, obwohl er deren Mängel kennt, muss er sich seine Rechte auf Mietminderung und Schadenersatz ausdrücklich vorbehalten, wenn er diese dann während der Mietzeit geltend machen will. Das kann zum Beispiel in einem Wohnungsübergabeprotokoll geschehen.

Tipp

Beim Einzug ist es wichtig, den Zustand der neuen Wohnung möglichst genau festzuhalten. Macht der Vermieter Zusagen oder verspricht er, noch vorhandene Mängel zu beseitigen, zum Beispiel einen neuen Teppich verlegen oder eine neue Spüle in der Küche einbauen zu wollen, sollte auch dies in einem Wohnungsübergabeprotokoll ausdrücklich vermerkt werden. Muster eines Wohnungsübergabeprotokolls gibt es im Internet unter www.deutscher-mieterbund.de.

Aber nicht nur bei der Wohnungsübernahme müssen Mieter beim Protokollieren von Mängeln aufpassen. Auch wenn der Mangel während der Mietzeit auftritt, muss der Mieter handeln, um Gewährleistungsrechte oder -ansprüche (siehe Kapitel 3) nicht zu verlieren.

Gemäß § 536 c BGB ist der Mieter verpflichtet, einen Wohnungsmangel seinem Vermieter unverzüglich anzuzeigen. Unterlässt der Mieter dies und verschlimmert sich der Mangel bzw. vergrößert sich der Schaden an der Mietsache hierdurch, muss der Mieter sogar Schadenersatz leisten. Darüber hinaus verliert er seine Gewährleistungsrechte.

Neben dem Erfüllungs- oder Reparaturanspruch, der Mietminderung und dem Schaden- bzw. Aufwendungsersatz gibt das Gesetz Mietern bei auftretenden Wohnungsmängeln noch zwei weitere Rechte an die Hand.

Der Mieter kann einen Teil der Miete – den drei- bis fünffachen Mietminderungsbetrag – so lange zurückbehalten, bis der Vermieter den Mangel tatsächlich beseitigt hat. Dieses Zurückbehaltungsrecht basiert auf § 320 BGB.

Außerdem besteht nach § 543 BGB für den Mieter die Möglichkeit, das Mietverhältnis fristlos zu kündigen, wenn beispielsweise die Wohnungsnutzung mit Gesundheitsgefahren verbunden ist oder der Vermieter den vertragsgemäßen Gebrauch der Wohnung nicht sicherstellen kann.

WAS SIND WOHNUNGSMÄNGEL?

Der zentrale Begriff für das gesamte Gewährleistungsrecht ist der „Wohnungsmangel". Er ist Voraussetzung, um Mietminderungen, Schadenersatzansprüche usw. geltend machen zu können.

Ein Mangel liegt vor, wenn der Gebrauch der Wohnung beeinträchtigt ist und der Mieter die Wohnung nicht so nutzen kann, wie er es erwarten darf. Rechtlich kann zwischen Sachmängeln, Rechtsmängeln und dem Fehlen zugesicherter Eigenschaften unterschieden werden. In der Praxis spielen vor allem Sachmängel eine große Rolle. Das können zum Beispiel sein: ein durchlässiges oder morsches Dach, undichte Fenster, Feuchtigkeitsschäden oder Schimmelflecken, extreme Hellhörigkeit der Wohnung, unzureichende Warmwasserversorgung, Heizungsausfall, aber auch Lärm durch eine Gaststätte im Haus oder von einer benachbarten Baustelle.

IST- UND SOLL-BESCHAFFENHEIT

Nach der Rechtsprechung des Bundesgerichtshofs ist ein Mangel eine für den Mieter nachteilige Abweichung des tatsächlichen Zustandes der Mietsache vom vertraglich vorausgesetzten Zweck (BGH WuM 2004, 715; BGH WuM 2004, 727).

Unter dem Istzustand versteht man dabei den tatsächlichen Zustand der Wohnung, des Hauses oder des Wohnumfeldes. Schwieriger ist es, den „Sollzustand" zu definieren. Gemeint ist der Zustand, in dem sich das Mietobjekt laut Vertrag, gegebenenfalls unter Berücksichtigung gesetzlicher bzw. öffentlich-rechtlicher Bestimmungen, befinden sollte. Danach müssen sich also alle Räume der Wohnung, Treppen, Flure, Speicher, Keller und Zugänge in einem vertragsgemäßen Zustand befinden. Technische Anlagen, wie zum Beispiel Heizung, Fahrstuhl, Durchlauferhitzer usw., müssen funktionieren.

Allerdings hängt auch viel vom Inhalt des Mietvertrags bzw. von den Absprachen der Mietvertragsparteien bei Übergabe der Wohnung ab.

Wer einen Keller ohne Licht und Stromanschluss anmietet, kann diesen Umstand nicht während des Mietverhältnisses plötzlich als Mangel reklamieren (LG Berlin GE 2002, 1060).

Tipp

Ob ein Wohnungsmangel vorliegt oder nicht, bemisst sich weniger nach objektiven Standards. Entscheidend ist vielmehr, was Mieter und Vermieter im Mietvertrag als „vertragsgemäß" festgelegt haben.

Hat der Mieter die Wohnung mit Einzelöfen angemietet, kann er natürlich verlangen, dass diese funktionieren und es in der Wohnung warm ist. Er kann aber beispielsweise nach zwei Jahren Wohndauer nicht den Anschluss an eine zentrale Heizungsanlage fordern.

Vertragliche Vereinbarung

Durch vertragliche Vereinbarungen kann der vertragsgemäße Zustand der Mietsache erweitert, das heißt, aus Mietersicht verbessert oder auch verschlechtert werden. So können im Mietvertrag etwaige Nachteile der Mietsache festgehalten sein, zum Beispiel die knarrenden Holzdielen, die schlecht schließenden Fenster, die Renovierungsbedürftigkeit der Wohnung, die Einflugschneise zum 20 Kilometer entfernten Flughafen oder die Hellhörigkeit der Wohnung.

01

Ob und inwieweit durch derartige Festlegungen im Mietvertrag der „Soll-Zustand" der Sache in jedem Einzelfall abschließend beschrieben und neu festgelegt werden kann, kann letztlich dahinstehen. Durch die Auflistung potenzieller Wohnungsmängel und zu erwartender Nachteile im Mietvertrag wird der Mieter zumindest vorgewarnt und informiert.

Auf der anderen Seite können im Mietvertrag auch Anforderungskriterien aufgenommen werden, auf die der Mieter besonderen Wert legt, zum Beispiel: eine ruhige Wohnlage, ein über die Anforderungen der einschlägigen DIN-Norm hinausgehender Schallschutz oder Erklärungen zur Energieeffizienz des Hauses, beispielsweise die Beschreibung als Niedrigenergiehaus.

Vorsicht

Schließt der Mieter den Mietvertrag ab, obwohl er die vorhandenen Mängel kennt und übernimmt er die Wohnung in dem beschriebenen Zustand, kann er keine Rechte auf Nachbesserung, Mietminderung oder Ähnliches mehr geltend machen.

Einseitige Vorstellungen des Mieters über die Beschaffenheit der Mietsache sind – auch wenn der Vermieter sie kennt – noch keine vertragliche Vereinbarung. Das werden sie erst, wenn der Vermieter in irgendeiner Form zustimmend reagiert hat (BGH GE 2009, 1426).

Vereinbarter Nutzungszweck

Fehlen eindeutige vertragliche Absprachen von Mietern und Vermietern zur Beschaffenheit der Mietsache, wird eine zum Wohnen geeignete Nutzung als vertragsgemäßer Gebrauch bestimmt. Der Mieter einer Wohnung kann einen bei vergleichbaren Wohnungen üblichen Standard erwarten. Dabei sind insbesondere das Alter, die Ausstattung und die Art des Gebäudes, aber auch die Höhe der Miete und ortsübliche Gegebenheiten zu berücksichtigen. Gibt es zu bestimmten Anforderungen technische Normen, sind diese einzuhalten (BGH GE 2009, 1426).

Normalerweise kann bei der Anmietung einer Altbauwohnung nur erwartet werden, dass die Wohnung den zum Zeitpunkt der Errichtung geltenden Normen, zum Beispiel zum Schall- oder Wärmeschutz oder zur Elektroinstallation, entspricht.

Der Bundesgerichtshof (BGH WuM 2004, 527) hat allerdings entschieden, dass auch eine nicht modernisierte Altbauwohnung einen Mindeststandard für zeitgemäßes Wohnen ermöglichen muss. Dazu gehört zum Beispiel eine Stromversorgung, an die eine Waschmaschine oder eine Geschirrspülmaschine und andere haushaltsübliche Elektrogeräte gleichzeitig angeschlossen werden können. Ist dies aufgrund der vorhandenen Steigeleitungen nicht möglich, liegt ein Wohnungsmangel vor. Der Vermieterhinweis beim Abschluss des Mietvertrags, die Elektroinstallation stamme aus den 50er Jahren, ändere an diesem Ergebnis nichts. Sollen Mindeststandards unterschritten werden, müssten entsprechende „Substandards" ausdrücklich im Mietvertrag vereinbart werden (BGH WuM 2010, 235).

Wer eine modernisierte Altbauwohnung oder einen Neubau anmietet, kann weitergehende und verbesserte Standards erwarten, die die zum Zeitpunkt der Ausführung geltenden Normen berücksichtigt haben.

Inhalt des vereinbarten Nutzungszwecks ist auch die „gesundheitliche Unbedenklichkeit der Wohnung" (BayObLG WuM 199, 568). Das bedeutet zum Beispiel, dass der Vermieter bestehende Richt- oder Grenzwerte für Schadstoffe einhalten muss. Werden diese Werte überschritten, liegt ein Wohnungsmangel vor (LG Köln ZMR 1991, 223) – unabhängig davon, ob hierdurch objektiv eine Gesundheitsgefahr begründet wird oder nicht (LG München I WuM 1991, 584).

Problematisch aus Vermietersicht sind vor allem Fälle, in denen beim Abschluss des Mietvertrags entweder überhaupt noch keine Grenzwerte vorhanden waren. Oder aber Fälle, in denen die bei Errichtung des Gebäudes geltenden Grenzwerte zwar eingehalten worden sind, die Richt- oder Grenzwerte jetzt aber verschärft oder überhaupt erst eingeführt wurden.

01

Verschärfung von Grenzwerten

So lag beispielsweise der Grenzwert für Bleikonzentrationen im Trinkwasser bis zum 30. November 2003 bei 40 Mikrogramm pro Liter, zurzeit sind es 25 Mikrogramm, und ab dem 1. Dezember 2013 gilt ein Grenzwert von 10 Mikrogramm. Werden – wie hier – die dem Gesundheitsschutz dienenden Vorschriften verschärft und dann in dem Mietshaus nicht mehr eingehalten, wird die Wohnung mangelhaft (BayObLG WuM 1999, 568). Das bedeutet, der Vermieter muss tätig werden. Er muss dafür sorgen, dass die neuen Standards und aktuellen Grenzwerte erfüllt werden.

Bei der Beurteilung der Frage, ob von einem vertragsgemäßen Zustand oder dem vereinbarten Nutzungszweck gesprochen werden kann, spielen auch die zu zahlende Miete, die Lage der Wohnung, das Wohnumfeld und der Wohnort eine entscheidende Rolle.

Wer eine „Exklusiv-Wohnung" anmietet, kann höhere Ansprüche an den vertragsgemäßen Zustand stellen. Was bei einer 350 Euro teuren Wohnung in der Bahnhofstraße noch als vertragsgemäß gilt, muss der Mieter einer 2.000 Euro teuren Wohnung in der Parkallee nicht akzeptieren. Hier gelten im Zweifel höhere Standards. Das betrifft beispielsweise auch den Hauseingangsbereich, das Treppenhaus oder andere Gemeinschaftsräume.

Vertragsgemäße Standards

Während ein Geräuschpegel in Berlin-Mitte zwischen S-Bahnbogen und vierspuriger Hauptstraße noch vertragsgemäß sein kann, wird dieser bei einer Mietwohnung „auf dem Land" sicher Gewährleistungsansprüche auslösen. Graffiti an Hauswänden, Fluren oder Garagen können als Mangel verstanden werden, den der Vermieter beseitigen muss (AG Tempelhof NZM 2008, 481; AG Charlottenburg NZM 2007, 484). Das kann aber schon wieder anders zu beurteilen sein, wenn Graffiti in einem bestimmten Stadtteil oder Stadtviertel ortsüblich sind (AG Hamburg WuM 2006, 244).

Beispiele für Sachmängel

Bei Wohnungs- und Sachmängeln kann grob unterschieden werden, ob die Mängel der Mietsache selbst anhaften oder ob sie als Umweltmängel zwar außerhalb der Wohnung entstehen, aber Einfluss auf das Mietobjekt haben. Es kann sich aber auch um sogenannte Versorgungsmängel handeln, die verursacht werden, weil der Vermieter das Haus oder die Wohnung unzureichend mit Heizung, Strom oder Wasser versorgt. Sie können aber zum Beispiel auch bei der Müllentsorgung auftreten.

Typische **Mängel**, die der **Mietsache** – hierzu zählen die Mietwohnung, Neben- und Gemeinschaftsräume – **selbst** anhaften, sind:

- falsche Wohnflächenangaben, wenn die Wohnung tatsächlich mehr als 10 Prozent kleiner als vereinbart ist;
- Feuchtigkeitsschäden und Schimmelpilzbefall in der Wohnung oder in einzelnen Räumen;
- gesundheitsgefährdende Wohngifte in der Wohnung, wie Lindan, PCP, Formaldehyd, Asbest in Trennwänden oder Nachtspeicheröfen, Blei im Trinkwasser;
- undichte Dächer, schadhafte, morsche, winddurchlässige Fenster;

- Heizungsausfälle oder -defekt, Beheizung der Wohnung auf Mindesttemperaturen zwischen 20 und 22 Grad Celsius nicht möglich;
- Ausfall der Warmwasserversorgung, unzureichende Wassertemperaturen;
- verstopfte Abflüsse, nicht benutzbare Toiletten, beschädigte Badewanne;
- reparaturbedürftiger Balkon;
- Ausfall der Elektrik in der Wohnung, ständige Kurzschlüsse, defekter Aufzug, defekte Gegensprech- und Klingelanlage oder Hausbeleuchtung;
- Keller, Garten oder Garage sind unbenutzbar;
- verschlissener Teppichboden, beschädigtes Parkett.

01

Umweltmängel sind zwar durch äußere Einflüsse entstanden, nehmen aber unmittelbar Einfluss auf die Mietsache, zum Beispiel:

- Staub- und Schmutzbeeinträchtigungen durch Bauarbeiten in der Nachbarschaft, die teilweise auch zum Ausfall der Sanitär- oder Heizungsanlagen führen;
- Baulärm im Haus oder aus der Nachbarschaft;
- Lärmbeeinträchtigungen aus Nachbarwohnungen, zum Beispiel wegen unzureichendem Schallschutz;
- Lärmstörungen von nebenan, wie lautes und/oder nächtliches Feiern, Tierhaltung, wie ständiges Hundegebell, Hausmusik oder ein zu laut eingestelltes Fernsehgerät;
- Gestank aus der Nachbarwohnung, zum Beispiel wegen nicht artgerechter Tierhaltung, Zigarettenrauch oder Rauchschwaden vom Holzkohlegrill;
- Geruchsbelästigungen durch Gaststätten im Haus oder Gewerbebetriebe in der Nachbarschaft;
- Ungezieferbefall, etwa Mäuse, Kakerlaken, Käfer, Tauben (auf dem Balkon);
- Prostitution im Haus.

Versorgungsmängel können beispielsweise vorliegen, wenn:

- Gasleitungen im Haus defekt sind und stillgelegt werden müssen;
- der Vermieter – aus welchen Gründen auch immer – kein Heizöl gekauft hat;
- der Vermieter Rechnungen von Versorgungsunternehmen nicht bezahlt hat und diese dann Strom, Wasser oder Heizenergie nicht mehr geliefert haben.

RECHTSMÄNGEL

Das Gesetz führt in § 536 Absatz 3 BGB ausdrücklich „Rechtsmängel" auf. Die sollen vorliegen, wenn dem Mieter der vertragsgemäße Gebrauch der Mietsache durch das Recht eines Dritten ganz oder teilweise entzogen wird. Diese Rechte können das Eigentumsrecht eines Dritten sein oder ein Optionsrecht auf die Mietwohnung.

Häufiger sind aber die Fälle, in denen der Vermieter die vermietete Wohnung seinem neuen Mieter gar nicht übergeben kann, beispielsweise weil ein dazu berechtigter Dritter hierin noch wohnt (Doppelvermietung). Hier hat der Vermieter gleichzeitig mit zwei Mietparteien einen Mietvertrag abgeschlossen. Ist eine der Mietparteien aufgrund ihres gültigen Mietvertrags in die Wohnung eingezogen, kann der Vermieter der anderen Mietpartei den vertragsgemäßen Gebrauch der Mietsache nicht mehr gewähren. Dazwischen stehen die Rechte des Dritten. Der „verhinderte" Mieter ist wegen dieses Rechtsmangels auf Schadenersatzansprüche angewiesen.

Ähnlich ist der Fall zu beurteilen, in dem der Vormieter „Dritter" ist, weil er die Wohnung zu Recht in Besitz hält. Das kann eintreten, wenn die Kündigung des Vermieters unwirksam war und mit dem nächsten Mieter schon ein neuer Mietvertrag abgeschlossen wurde, obwohl das alte Mietverhältnis weiter Bestand hat.

Kein Rechtsmangel liegt vor, wenn der Vormieter die Wohnung aus anderen Gründen nicht räumt, beispielsweise weil er noch keine Ersatzwohnung gefunden hat.

01

ZUGESICHERTE EIGENSCHAFTEN

Der Vermieter muss dafür einstehen, dass die Wohnung die zugesicherten Eigenschaften tatsächlich aufweist. Fehlt eine oder fällt diese später weg, kann der Mieter Gewährleistungsrechte geltend machen, zum Beispiel die Miete mindern oder Schadenersatz fordern. Die Rechtsfolgen sind die gleichen.

Anders als bei Wohnungsmängeln muss die fehlende zugesicherte Eigenschaft die vertragsgemäße Nutzung der Wohnung jedoch nicht beeinträchtigen.

Zugesicherte Eigenschaften

Verpflichtet sich beispielsweise der Vermieter beim Abschluss des Mietvertrags ausdrücklich, die vorhandenen älteren Einfachfenster innerhalb einer bestimmten Frist gegen neue Energiesparfenster auszutauschen, muss er die Fenster ersetzen. Handelt er nicht, kann der Mieter Gewährleistungsrechte geltend machen, die Miete mindern. Dabei kommt es nicht darauf an, ob die alten Fenster mangelhaft oder funktionstüchtig sind (LG Braunschweig WuM 1985, 259).

Allerdings ist nicht jede Äußerung des Vermieters beim Abschluss des Mietvertrags als Zusicherung einer Eigenschaft zu verstehen. Allgemeine Anpreisungen, Beschreibungen des Mietobjekts oder die Bestätigung selbstverständlicher Eigenschaften sind keine Zusicherungen. Vielmehr ist erforderlich, dass der Vermieter rechtlich verbindlich erklärt, die Gewähr – praktisch die Garantie – übernehmen zu wollen, dass bestimmte Eigenschaften vorhanden sind. Dazu müssen Inhalt und Umfang der Zusicherung genau erkennbar sein (BGH NJW 1980, 777). Sie muss Vertragsbestandteil sein, also regelmäßig schriftlich erteilt werden. Aus der Vermieterzusicherung muss sich dann ergeben, dass er für die angegebenen Eigenschaften ohne Wenn und Aber eintreten will.

Die Zusicherung von Eigenschaften darf nicht gegen die „guten Sitten" verstoßen. So hat das Amtsgericht München entschieden, dass sich Mieter nicht auf die Zusicherung des Vermieters berufen können, die Wohnanlage von Kindern freihalten zu wollen (WuM 2000, 546).

Dagegen können sich Eigenschaften zum Beispiel auf die Tragfähigkeit von Decken oder Zwischendecken, auf den behindertengerechten Ausbau der Wohnung oder auch auf die Wohnungsgröße beziehen. Hier ist aber zu beachten, dass die bloße Angabe einer Quadratmeterzahl im Mietvertrag nicht schon als Zusicherung der Wohnungsgröße gilt (siehe S. 87)

GEWÄHRLEISTUNGSRECHTE: MIETERANSPRÜCHE BEI WOHNUNGS- MÄNGELN

Tipp

Helfen diese Ansprüche alle nicht weiter, ist es dem Mieter nicht mehr zuzumuten, in der Wohnung zu bleiben. Er kann möglicherweise sogar fristlos kündigen.

Treten Mängel in der Wohnung, im Haus oder im Wohnumfeld auf, haben Mieter eine Reihe von Ansprüchen. Das wohl bekannteste Mieterrecht ist die Mietminderung. Zusätzlich gibt es aber noch weitere Rechte, die sich nicht ausschließen, sondern nebeneinander und zusätzlich geltend gemacht werden können.

Liegt ein Mangel vor, kann die Miete gemindert, daneben aber auch noch ein Teil der Miete zurückbehalten werden. Es können Schadenersatzansprüche geltend gemacht werden, vor

allem haben Mieter jedoch einen Anspruch darauf, dass der
Mangel abgestellt wird. Hier gibt es den sogenannten Erfül-
lungsanspruch, unter Umständen auch das Mieterrecht, den
Mangel auf Kosten des Vermieters selbst beseitigen zu lassen.

01

ERFÜLLUNGSANSPRUCH

Der Mieter hat Anspruch auf die vertragsgemäße Mietsache,
das heißt auf eine fehlerfreie Wohnung (§ 535 BGB, siehe
S. 12). Daraus folgt für den Vermieter, dass er Mängel beseitigen oder Defekte an technischen Geräten oder Anlagen
reparieren muss. Dabei spielt es keine Rolle, ob der Mangel
zu einer erheblichen Beeinträchtigung führt oder ob der Mangel nur geringfügige Auswirkungen hat. Ohne Bedeutung ist
auch, wann der Mangel eingetreten ist und ob der Vermieter
ihn zu vertreten hat oder nicht.

Treten Wohnungsmängel auf, muss der Mieter diese dem Vermieter anzeigen (siehe Musterbrief S. 41). In der Regel erfährt
der Vermieter erst dadurch, dass er in der Pflicht ist, Instand-
setzungsmaßnahmen oder Reparaturen durchzuführen – und
zwar innerhalb einer angemessenen Frist.

Tipp

Dabei gilt als
Faustregel: Je
schwerer der
Mangel oder je
leichter die Fehler-
behebung, desto
kürzer die Frist zur
Mängelbeseiti-
gung.

Wenn der Mieter den Mangel jedoch selbst verursacht hat,
kann er keine Ansprüche gegenüber dem Vermieter geltend
machen. Hat er also die Glastür in der Wohnung beschädigt,
kann er hierfür keinen Ersatz vom Vermieter fordern. Bleibt
unklar, wer für den Mangel oder Schaden verantwortlich ist,
muss der Vermieter tätig werden. Auch wenn der Schaden
von einem Dritten verursacht wurde, muss sich der Vermieter
um die Reparatur kümmern, zum Beispiel wenn die Eingangs-
tür zur Mieterwohnung bei einem Einbruchsversuch beschädigt worden ist.

Die Verpflichtung des Vermieters zur Beseitigung eines Mangels endet dort, wo der dazu erforderliche Aufwand die sogenannte Opfergrenze überschreitet (BGH WuM 2010, 348) und die Mängelbeseitigung wirtschaftlich unzumutbar ist.

Wann diese Zumutbarkeitsgrenze überschritten wird, ist letztlich eine Einzelfallentscheidung. Zwischen dem Reparaturaufwand einerseits und dem Nutzen der Reparatur für den Mieter sowie dem Wert des Mietobjekts und den aus ihm zu ziehenden Einnahmen andererseits darf grundsätzlich kein krasses Missverhältnis entstehen (BGH WuM 2005, 713). Hat das Hausgrundstück einen aktuellen Verkehrswert von 28.000 Euro und kostet die Sanierung etwa 95.000 Euro, im ungünstigsten Fall sogar 170.000 Euro, ist von einem „krassen Missverhältnis" und einem Überschreiten der Opfergrenze auszugehen (BGH WuM 2010, 348).

Der Anspruch auf Mängelbeseitigung kann nicht verjähren – so der Bundesgerichtshof (BGH WuM 2010, 238).

Der Vermieter ist verpflichtet, die Mietsache während der gesamten Mietzeit in einem gebrauchstauglichen Zustand zu erhalten. Diese Verpflichtung entsteht jeden Tag wieder neu und kann deshalb schon begrifflich nicht verjähren.

MIETMINDERUNG

Die Mietminderung ist weder ein Druckmittel noch eine Strafaktion für den Vermieter. Sie ist vielmehr der Ausgleich dafür, dass die Wohnung nicht hundertprozentig in Ordnung ist, Mängel hat und somit nicht vertragsgemäß ist.

Hinter der Mietminderung steht das Bild einer Waage: Beim Abschluss des Mietvertrags zwischen Mieter und Vermieter wird davon ausgegangen, dass die ausgehandelte Miete dem Wert der Wohnung entspricht, also 100 Prozent Miete in der einen Waagschale für 100 Prozent Wohnung in der anderen. Dieses bei Vertragsabschluss völlig ausgeglichene Verhältnis soll auch während der Mietzeit erhalten bleiben. Tritt jedoch ein Mangel auf, ist die Wohnung nicht mehr 100 Prozent wert. Dann muss der Mieter auch weniger Miete zahlen (dürfen), damit die Waage im Gleichgewicht bleibt. Ist die Wohnung nur noch 50 Prozent wert, muss der Mieter auch nur 50 Prozent Miete zahlen.

Die Mietminderung muss nicht beantragt oder beansprucht werden. Nach dem Gesetz und dem Prinzip „Waage" tritt die Mietminderung automatisch ein, sobald ein Mangel vorliegt, der die Gebrauchstauglichkeit der Mietsache aufhebt bzw. herabsetzt oder eine zugesicherte Eigenschaft fehlt.

Der Mieter kann ab dem Zeitpunkt die Miete mindern, zu dem der Vermieter über den Mangel informiert ist (Mängelanzeige) oder er weiß bzw. wissen muss, dass ein Mangel vorliegt. Solange die Mängel den Wohnwert beeinträchtigen, das heißt bis zur Reparatur oder Beseitigung, ist nur der geminderte Mietbetrag zu zahlen. Hat der Vermieter den Mangel beseitigt, wird wieder die volle Miete fällig. Die bis dahin geminderten Mietbeträge muss der Mieter natürlich nicht nachzahlen.

Vorsicht

Anders als bei Erfüllungs- oder Mängelbeseitigungsansprüchen, kommt es bei der Mietminderung darauf an, wie erheblich der Mangel ist: Bei unerheblichen Mängeln wie zum Beispiel einer defekten Glühbirne im Hausflur oder Haarrissen an der Zimmerdecke muss sich der Vermieter zwar kümmern, doch dürfen Mieter wegen derartiger Kleinigkeiten ihre Zahlungen nicht mindern. Die „Waage" gerät deshalb nicht aus dem Gleichgewicht.

01

ZURÜCKBEHALTUNGSRECHT

Das Zurückbehaltungsrecht ist ein Leistungsverweigerungsrecht. Solange die Wohnung Mängel hat, erbringt der Vermieter seine Leistung aus dem gegenseitigen Vertrag nicht ordnungsgemäß. Dann – so die gesetzliche Regelung – kann auch der Mieter seine Leistung, die Mietzahlung, verweigern.

Das Zurückbehaltungsrecht ist – anders als die Mietminderung – ein echtes Druckmittel. Der Mieter hält die Miete, zumindest einen Teil davon, so lange zurück, bis der Vermieter die Wohnwertbeeinträchtigung oder den Wohnungsmangel beseitigt hat. Sobald dies erfolgt ist, muss er die zurückbehaltenen Mieten nachzahlen.

Das Zurückbehaltungsrecht kann neben der Mietminderung geltend gemacht werden. Der wesentliche Unterschied: Bei einer Mietminderung sind die geminderten Mietanteile für den Vermieter verloren. Dieser kann auch nach der Beseitigung der Mängel keine Mietnachzahlungen fordern; denn die Mietminderung – Prinzip Waage – war die Anpassung der Mietzahlung an den verminderten Wohnwert der Wohnung.

Der Umfang des Zurückbehaltungsrechts ist nicht eindeutig festgelegt. Das Landgericht Berlin (GE 1996, 549) gibt dem Mieter das Recht, den drei- bis fünffachen Mietminderungsbetrag zurückzuhalten. Ist der Mieter wegen eines Wohnungsmangels berechtigt, die Miete um 10 Prozent zu mindern, darf er gleichzeitig oder stattdessen bis zu 50 Prozent der Miete zurückbehalten. Jedoch darf der insgesamt zurückbehaltene Betrag, unter Umständen über mehrere Monate gerechnet, nicht höher ausfallen als die Kosten der vollständigen Mängelbeseitigung.

Auch dürfen Mietzahlungen nur bei erheblichen Mängeln zurückbehalten werden. Und solange der Vermieter über den Mangel nicht informiert wurde, kann der Mieter das Zurückbehaltungsrecht auch nicht geltend machen. Das ist erst gegenüber den Mietzahlungsforderungen des Vermieters möglich, die nach der Mängelanzeige zu zahlen sind (BGH WuM 2011, 12).

SCHADENERSATZ

Mängel der Mietsache führen in folgenden Fällen zu Schadenersatzansprüchen des Mieters:

- Wenn der Mangel von Anfang an vorlag, also schon beim Vertragsabschluss. Hier spricht man auch von Garantiehaftung. Der Vermieter haftet auch ohne eigenes Verschulden auf Schadenersatz.

  Dabei muss der Mangel nicht schon von Anfang an sichtbar gewesen sein. Es reicht aus, wenn er latent vorhanden war, beispielsweise ein Baumangel oder eine defekte Heizungsanlage. Auch wenn das Mietverhältnis mit dem Vormieter noch gar nicht beendet ist oder in Fällen der Doppelvermietung (vgl. Rechtsmängel, siehe S. 22), kann ein Schadenersatzanspruch wegen eines anfänglichen Mangels bestehen.

- Wenn der Mangel nach Vertragsabschluss entstanden ist und der Vermieter ihn zu vertreten hat. Hier ist also ein Verschulden des Vermieters notwendig. Das liegt vor, wenn er seine mietvertraglichen Erhaltungspflichten nicht erfüllt. Beispiel: Aufgrund des schadhaften Treppengeländers und einer beschädigten Stufe stürzt der Mieter die Treppen hinunter und bricht sich ein Bein.

  Der Vermieter haftet auch für das Fehlverhalten und Verschulden seines Hausmeisters oder seiner Putzfrau bzw. seiner beauftragten Handwerker (siehe S. 165).

- Wenn sich der Vermieter mit der Mängelbeseitigung im Verzug befindet und dem Mieter hierdurch ein Schaden entsteht. Dabei ist es nicht notwendig, dass der Vermieter den ursprünglichen Mangel selbst auch zu vertreten hat.

  Verzug bedeutet, dass der Vermieter die nach erneuter Anmahnung des Mieters fest vereinbarte Beseitigung der Mängel immer noch nicht erledigt und der Vermieter die Verzögerungen der Arbeiten zu vertreten hat.

Vermieter im Verzug

Der Mieter zeigt den Mangel „undichtes Dach" an und mahnt die Beseitigung des Schadens noch einmal zusätzlich an. Trotzdem reagiert der Vermieter nicht. Beim nächsten großen Platzregen werden Einrichtungsgegenstände des Mieters durch Regenwasser beschädigt.

Schadenersatz bedeutet, dass der Mieter so zu stellen ist, als habe es den Mangel gar nicht gegeben: Er kann etwa Ersatz für beschädigte Möbelstücke, die Erstattung von Kosten für die Suche nach einer anderen Wohnung oder Ausgleich für Gesundheitsschäden umfassen.

Ein Schadenersatzanspruch ist ausgeschlossen, wenn der Mieter den Mangel kannte oder der Mieter den Mangel selbst verschuldet hat.

Auch ein Mitverschulden des Mieters kann den Schadenersatzanspruch ausschließen bzw. verringern, zum Beispiel wenn der Mieter den Mangel erst spät angezeigt oder eine schadhafte Treppe jahrelang ohne Reklamation hingenommen hat bzw. wenn er nichts unternommen hat, Schäden durch einen möglichen Wassereintritt zu verhindern.

SELBSTBESEITIGUNGSRECHT IN NOTFÄLLEN

Unter bestimmten Voraussetzungen kann der Mieter die Beseitigung der Mängel auch selbst in Auftrag geben. Die Kosten hierfür muss der Vermieter übernehmen. Dabei sind folgende Fallvarianten zu unterscheiden:

- Ist der Vermieter mit der Mängelbeseitigung im Verzug (siehe oben), kann der Mieter die Reparatur selbst in Auftrag geben und dann den Ersatz der erforderlichen Aufwendungen (Reparaturkosten) verlangen (BGH WuM 2008, 476). Auch hier muss der Vermieter also zunächst informiert worden sein, dass ein Wohnungsmangel vorliegt. Lässt der Vermieter eine „angemessene" Frist zur Schadensbeseitigung tatenlos verstreichen, muss der Mieter ihn in der Regel noch einmal mahnen und so in Verzug setzen, verbunden mit der Aufforderung, die konkret beschriebenen Mängel zu beseitigen. Bleibt der Vermieter jetzt immer noch untätig, kann der Mieter von seinem Selbsthilferecht Gebrauch machen. Er muss dann aber den Reparaturauftrag im eigenen Namen vergeben. Damit erhält er auch die Rechnung. Deshalb kann der Mieter von seinem Vermieter einen Vorschuss auf diese Reparaturkosten fordern. Der Anspruch auf Kostenvorschuss besteht jedoch nicht, wenn die beabsichtigte Sanierungsmaßnahme ungeeignet ist, um die Mängel nachhaltig zu beseitigen (BGH WuM 2010, 348).

01

Der Mieter kann einen Vorschuss in Höhe der voraussichtlichen Kosten für die Beseitigung der Mängel verlangen. Nach Abschluss der Arbeiten muss er insoweit abrechnen. Weigert sich der Vermieter, den Vorschuss zu zahlen, kann der Mieter diesen Anspruch einklagen, in dringenden Fällen sogar eine einstweilige Verfügung beantragen.

Zahlt der Vermieter keinen Vorschuss und will oder kann der Mieter nicht prozessieren, besteht die Möglichkeit, den Vorschussanspruch auch mit den aktuellen Mietforderungen des Vermieters zu verrechnen. So kann der Mieter die Reparaturkosten vorfinanzieren und dann gegenüber dem Vermieter geltend machen bzw. seinen Anspruch mit den fälligen Mieten verrechnen.

- Bei Gefahr im Verzug ist das oben beschriebene Verfahren viel zu kompliziert. In Notfällen – wenn sofort gehandelt werden muss – kann der Mieter den Mangel auch beheben lassen, ohne beim Vermieter vorher noch einmal ausdrücklich die Mängelbeseitigung angemahnt zu haben.

Ähnlich ist die Rechtslage, wenn die Selbsthilfemaßnahme des Mieters „zum Erhalt des Bestands der Mietsache notwendig" ist. Hier kann der Mieter fordern, dass die zur umgehenden Beseitigung des Mangels erforderlichen Aufwendungen ersetzt werden, wenn sie notwendig sind, um die Wohnung zu erhalten oder wiederherzustellen.

Entscheidend ist allein, dass die Reparaturen objektiv erforderlich sind, um zu verhindern, dass das Gebäude oder wesentliche Teile schwer beschädigt oder unbrauchbar werden. Der Vermieter muss seinerseits mit der Mängelbeseitigung hier also nicht im Verzug sein.

Selbsthilferecht

Dieses Selbsthilferecht besteht beispielsweise, wenn im Winter die Heizung ausfällt und der Vermieter nicht erreichbar ist. In diesen Fällen kann der Mieter den Mangel allerdings nur im Umfang einer Notmaßnahme beseitigen lassen. Die weitere, endgültige und vollständige Mängelbeseitigung ist Angelegenheit des Vermieters (AG Münster WuM 2009, 665).

Kein Kostenersatz

Beseitigt der Mieter eigenmächtig einen Mangel der Mietsache, ohne dass der Vermieter mit der Mängelbeseitigung im Verzug war oder die umgehende Beseitigung des Mangels zur Erhaltung oder Wiederherstellung des Bestands der Mietsache notwendig war, bekommt er seine Aufwendungen bzw. Kosten nicht ersetzt (BGH WuM 2008, 147).

KÜNDIGUNGSRECHT

Der Mieter kann das Mietverhältnis fristlos kündigen, wenn der Vermieter ihm den vertragsgemäßen Gebrauch der Mietsache nicht rechtzeitig gewährt oder ihm dieser entzogen wird. Gemeint sind erhebliche Mängel, die letztlich ein Weiterwohnen unzumutbar machen.

Die fristlose Kündigung kommt auch in Betracht, wenn die weitere Nutzung der Wohnung mit erheblichen Gesundheitsgefährdungen verbunden wäre. So können ein andauernder Heizungsausfall im Winter oder schwerwiegende Feuchtigkeitsschäden mit Schimmelpilzbefall eine fristlose Kündigung begründen.

Voraussetzung für eine fristlose Kündigung ist in der Regel, dass der Mieter den Mangel angezeigt und dem Vermieter eine Frist zur Abhilfe gesetzt hat (BGH WuM 2007, 319).

Anders, wenn zum Beispiel Mieterin und Tochter nach einem Schimmelpilzbefall der Wohnung lebensgefährlich erkrankt sind. Hier ist eine Fristsetzung entbehrlich (LG Berlin GE 2009, 845). So auch in Fällen, in denen der Vermieter keine Abhilfe leisten kann oder will.

Tipp

Hat der Mieter zu Recht fristlos gekündigt, kann er auch Schadenersatz fordern, soweit ihm Schäden durch die Kündigung entstanden sind. Das können in erster Linie die Umzugskosten sein.

01

02

MIETMINDERUNG

Die Mietminderung ist ein Ausgleich dafür, dass die Wohnung sowie Gemeinschaftsanlagen nicht zu 100 Prozent so zu nutzen sind, wie es den mietvertraglichen Vereinbarungen entspricht. Wie viel der Mieter mindern darf, hängt wesentlich davon ab, inwieweit der Mangel den Wohnwert des Mietobjekts beeinträchtigt. Die Urteils-übersicht zeigt beispielhaft, bei welchen Mängeln Gerichte welche Minderungsquoten zuerkannt haben.

WESEN DER MIETMINDERUNG

Nach dem „Waage-Prinzip" (siehe S. 27) ist der Vermieter verpflichtet, die Mietsache im vertragsgemäßen Zustand zu übergeben und zu erhalten. Der Mieter muss im Gegenzug die im Mietvertrag vereinbarte Miete vollständig zahlen – einschließlich der im Laufe der Mietzeit vorgenommenen Mieterhöhungen.

02

Befinden sich die Leistung des Vermieters und die Gegenleistung des Mieters nicht mehr in der Waage, weil der Vermieter seine Leistung aufgrund von Wohnungsmängeln nicht mehr zu 100 Prozent erbringt oder erbringen kann, muss auch der Mieter seine Gegenleistung nicht mehr zu 100 Prozent erfüllen (§ 536 BGB, siehe S. 13).

Es ist jedoch die Ausnahme, dass Mängel die Tauglichkeit der Wohnung vollständig aufheben und diese nicht zu nutzen ist.

Vollständige Untauglichkeit

Eine Wohnung kann zum Beispiel aufgrund von Hochwasser (AG Friedberg WuM 1995, 393) oder weil Feuchtigkeitsschäden vorliegen, die zu einer lebensgefährlichen gesundheitlichen Beeinträchtigung führen (LG Berlin GE 2009, 485), unbewohnbar sein. Aber auch, weil im Haus umfangreiche Bauarbeiten, wie Ausbau des Dachgeschosses, Installation einer Heizungsanlage, Erneuerung der Wasserversorgung, Fassadenarbeiten, diverse Arbeiten wie Wände, Decken und Boden aufstemmen, in der Mietwohnung selbst durchgeführt werden (AG Charlottenburg MM 1996, 455). In diesen Fällen kann die Miete um 100 Prozent gekürzt werden. Der Mieter muss gar keine Miete mehr zahlen.

In den meisten Fällen geht es jedoch um eine „teilweise Gebrauchsuntauglichkeit" des Mietobjekts. Bei einer solchen geminderten Tauglichkeit erlaubt das Gesetz Mietern, eine angemessen herabgesetzte Miete zu zahlen. Entscheidend ist hier, inwieweit sich der Mangel wohnwertmindernd auswirkt (siehe Beispiele S. 36)

Das AG Charlottenburg (GE 1990, 423) hält eine Mietminderung von 10 Prozent für angemessen, wenn der Aufzug nicht zu nutzen ist. Treten Feuchtigkeitsschäden in der Küche und im Wohnbereich auf, soll eine Mietminderung von 20 Prozent gerechtfertigt sein (LG Berlin GE 2011, 56). Baulärm, der ein Öffnen der Fenster und eine normale Unterhaltung unmöglich macht, führt zu einer Mietminderung von 25 Prozent (LG Darmstadt WuM 84/245). Fällt im Mietshaus oder für die Wohnung die Gegensprech- und Klingelanlage aus, kann der Mieter 10 Prozent weniger Miete zahlen (AG Rostock WuM 1999, 64).

KEIN ANTRAG ERFORDERLICH – MIETE AUTOMATISCH GEMINDERT

Die Mietminderung muss nicht beim Vermieter beantragt werden. Sie ist – wie auch die anderen Gewährleistungsrechte – ein gesetzliches Recht, das der Mieter einseitig, also ohne Zustimmung des Vermieters, geltend machen kann. Der Mieter muss auch keine besonderen Ansprüche erheben. Vielmehr führt die Mangelhaftigkeit der Mietsache dazu, dass die Miete automatisch gemindert ist. Und zwar von dem Zeitpunkt an, zu dem die Beeinträchtigung des Wohnwerts begann. (vgl. auch Seite 41, Mängelanzeige).

Berufung auf Mietminderung

Auch wenn die Mietminderung kraft Gesetz wirkt: Der Mieter muss sich auf die Mietminderung berufen. Solange er die Miete nicht kürzt, passiert nichts.

WOHNWERTBEEINTRÄCHTIGUNG

Eine Mietminderung wegen Mängeln ist so lange gerechtfertigt, bis diese abgestellt oder die notwendigen Reparaturen durchgeführt sind.

Voraussetzung ist aber auch immer, dass sich der Mangel unmittelbar negativ auf den Gebrauch der Mietsache durch den Mieter auswirkt. So ist beispielsweise der Ausfall der Heizungsanlage ein schwerwiegender Wohnungsmangel. Er rechtfertigt aber keine Mietminderung in den Sommermonaten, wenn die Heizung gar nicht gebraucht wird. Erst wenn der Heizungsausfall für den Mieter spürbar und eine funktionierende Heizung benötigt wird, kommt die Mietminderung in Betracht.

02

Umgekehrt kann der Vermieter aber nicht argumentieren, die Wohnwertbeeinträchtigung habe sich für den Mieter nicht negativ ausgewirkt.

Auch wenn beispielsweise der Mieter in der Vergangenheit den mitgemieteten Wasch- oder Trockenraum nicht genutzt hat, ist es eine Beeinträchtigung des Wohnwerts, wenn die Räume durch den Vermieter entzogen werden oder aktuell nicht zu nutzen sind. Eine Mietminderung ist daher gerechtfertigt (LG Köln WuM 1993, 670). Genauso wird der Wohnwert der Wohnung selbst dann durch Baulärm beeinträchtigt, wenn sich der Mieter berufsbedingt tagsüber nicht in der Wohnung aufhält (AG Regensburg WuM 1992, 476).

Bei Mängeln wie einem durchlässigen Dach, undichten Fenstern, Feuchtigkeitsschäden oder -flecken, aber auch bei übermäßiger Hellhörigkeit der Mieträume, lässt sich die Wohnwertbeeinträchtigung leicht feststellen.

Leicht feststellbare Mängel

Hingegen sind Schäden am Fassadenputz zunächst einmal optische Mängel, in der Regel also eher unerhebliche Beeinträchtigungen. Wenn diese sich dann aber unmittelbar auf den Wohngebrauch auswirken, zum Beispiel feuchte Wände verursachen, kann eine Mietminderung gerechtfertigt sein (LG Berlin WuM 2009, 175).

Auch von außen kommende Beeinträchtigungen können Mängel sein, zum Beispiel Lärm einer Gastwirtschaft in unmittelbarer Nachbarschaft der Wohnung, Störungen durch eine Baustelle oder Staubentwicklung und Schmutz.

GRUND UND URSACHE SPIELEN KEINE ROLLE

Wodurch der Wohnungsmangel verursacht wurde, spielt für die Mietminderung keine Rolle: Es ist ohne Bedeutung, ob der Vermieter überhaupt in der Lage ist, den Mangel zu beseitigen oder ob er diesen gar verschuldet, also zumindest fahrlässig herbeigeführt hat.

Tipp

Entscheidend für eine Mietminderung ist allein, dass ein Wohnungsmangel vorliegt und der Wohnwert für die Mieter beeinträchtigt ist.

Konsequenz: Der Mieter kann seine Miete beispielsweise um 50 Prozent kürzen, wenn die Heizung ausfällt und er nachts aufgrund des Lärms aus einer benachbarten Diskothek nicht mehr schlafen kann. Der Vermieter kann nicht darauf verweisen, dass er für diese Mängel weder verantwortlich ist noch diese verschuldet hat. Ob ein Heizungsausfall immer mal passieren kann, eine Art höhere Gewalt ist und für den Lärm letztlich der Betreiber der Diskothek oder Eigentümer des benachbarten Grundstücks verantwortlich ist, spielt keine Rolle.

So kann der Mieter auch die Reparatur einer bei einem Einbruch beschädigten Wohnungstür verlangen oder darauf pochen, dass der durch Wildschweine zerstörte Rasen (LG Berlin WuM 2009,175) wiederhergestellt wird. Bis zur Beseitigung des Mangels kann er die Miete kürzen.

Dieses Mietminderungsrecht kann nicht wirksam durch eine Klausel im Mietvertrag ausgeschlossen werden, auch nicht für Mängel, die der Vermieter nicht zu vertreten hat (LG Hamburg WuM 2004,601).

Selbst verschuldete Mängel

Hat der Mieter den Mangel selbst verschuldet, kann er die Miete nicht mindern. Ist der „mitgemietete" Teppichboden mit Rotweinflecken und Brandlöchern übersät, kann der Mieter keinen Austausch des Teppichs verlangen und bis dahin auch nicht weniger Miete zahlen.

02

Anders, wenn der Teppichboden nach etlichen Jahren deutliche Gebrauchsspuren aufweist und an einigen Stellen durchgelaufen ist. Diese Mängel sind im Laufe der Mietzeit durch vertragsgemäßen Gebrauch entstanden. Somit muss der Vermieter den Mangel beseitigen, der Mieter kann die Miete solange kürzen, bis neue Teppiche verlegt sind.

Ist die Ursache für einen Mangel zwischen Mieter und Vermieter streitig, muss der Vermieter beweisen, dass der Mangel dem Mieter zuzurechnen ist.

Steht fest, dass der Mieter den Mangel zu verantworten hat, muss dieser beweisen, dass er diesen Schaden nicht verschuldet hat (BGH WuM 2005, 54).

INSTANDSETZUNG UND MODERNISIERUNG

Instandsetzungsarbeiten, Reparaturen sowie Modernisierungsmaßnahmen durch den Vermieter sind in aller Regel mit Wohnwertbeeinträchtigungen verbunden.

Dem Mieter steht eine Mietminderung auch zu, wenn der Vermieter modernisiert, neue Fenster einbaut, für verbesserten Schallschutz sorgt oder Wärmedämmung veranlasst. Denn die Baumaßnahmen selbst bringen Lärm-, Schmutz- und sonstige Beeinträchtigungen mit sich, die die vertraglich vereinbarte Nutzung der Wohnung beeinträchtigen.

Wie bei den Instandsetzungsarbeiten spielt es keine Rolle, dass der Mieter normalerweise Modernisierungsarbeiten des Vermieters dulden muss, er über diese Arbeiten frühzeitig informiert ist und möglicherweise sogar ausdrücklich zugestimmt hat (LG Mannheim WuM 1986, 139).

Auch wenn nach Abschluss der Modernisierungsarbeiten Mängel wegen nicht fachgerechter Durchführung bestehen, zum Beispiel wenn der Fenstereinbau nicht nach den aktuell geltenden technischen Standards für Lärmschutz erfolgte, kann gemindert werden (AG Köpenick WuM 2008, 25).

Außerdem kommt eine Mietminderung in Betracht, wenn die Wohnung nach Abschluss von Modernisierungen an Qualität verloren hat. Vereinbarungen zwischen Mieter und Vermieter, dass unabhängig von den Mängeln und Beeinträchtigungen durch die Modernisierung die Miete voll gezahlt werden soll, sind nichtig.

Allerdings kann der Vermieter – hier eine Genossenschaft – auf sein Recht zur Mieterhöhung nach Abschluss der Modernisierungsmaßnahmen gegenüber den Mietern verzichten, die während der Bauarbeiten die Miete nicht gemindert haben. Der Vermieter kann dann nur dem Mieter die Miete erhöhen, der während der Bauarbeiten gemindert hat (BGH WuM 2009, 744).

Mietrechtsänderung

Der Gesetzgeber will im Laufe des Jahres 2012 eine Mietrechtsänderung beschließen. Geplant ist unter anderem, das Mietminderungsrecht bei energetischen Modernisierungen für drei Monate auszuschließen. Ob und wann eine entsprechende Neuregelung in Kraft treten wird, steht noch nicht fest (vgl. S. 58).

02

MÄNGELANZEIGE

Treten im Laufe der Mietzeit Wohnungsmängel auf, muss der Mieter den Vermieter hiervon informieren (§ 536 c BGB).

Die Informationspflicht bezieht sich nicht nur auf Mängel in der Wohnung selbst, sondern auf alle Mängel im Treppenhaus, in den Gemeinschaftsräumen, Mängel am Aufzug usw. Voraussetzung ist lediglich, dass der Mangel für den Mieter erkennbar war.

Mängelanzeige des Mieters und Aufforderung zur Beseitigung

Mängelanzeige: Wohnung Hauptstr. 20, 1. Etage, links

… wie gestern bereits telefonisch mitgeteilt, ist die Heizung in den letzten Tagen mehrfach ausgefallen. Im Wohnzimmer beträgt die Temperatur zurzeit höchstens 17 bis 18 Grad Celsius. Ich fordere Sie auf, den angezeigten Heizungsmangel schnellstmöglich fachgerecht zu beseitigen.

oder

… in meiner Küche treten seit zwei bis drei Tagen immer stärker werdende üble Gerüche aus dem Abfluss auf. Ich bitte Sie, sich umgehend um dieses Problem zu kümmern.

oder

… seit nunmehr einer Woche funktionieren die Türklingel und die Gegensprechanlage nicht mehr. Außerdem ist die Treppenhausbeleuchtung im Erdgeschoss und in der ersten Etage defekt. Ich bitte Sie, sich umgehend um dieses Problem zu kümmern.

oder

... ich habe Sie bereits mehrfach darauf angesprochen, dass im Bad und im Schlafzimmer Feuchtigkeitsschäden auftreten. Diese Probleme verschlimmern sich weiter. Im Bad sind im oberen Bereich der Dusche deutliche Schwarzverfärbungen sichtbar. An der Außenwand im Schlafzimmer sind oberhalb und links neben dem Fenster Stockflecken bzw. Schimmel erkennbar. Gemäß § 535 Bürgerliches Gesetzbuch sind Sie verpflichtet, die oben genannte Wohnung in einem vertragsgemäßen Zustand zu erhalten. Ich erwarte, dass die beschriebenen Mängel bis spätestens .... beseitigt werden.

Informationspflicht

Solange der Mieter seinem Vermieter vorhandene und erkennbare Mängel nicht anzeigt, kann er weder die Miete mindern noch Schadenersatz fordern oder wegen der Mängel fristlos kündigen. Letztlich wird der Vermieter erst durch die Information des Mieters über vorhandene Wohnungsmängel in die Lage versetzt, den ordnungsgemäßen Zustand der Mietsache wiederherzustellen.

Erst von dem Moment an, ab dem der Vermieter unterrichtet ist und den Mangel kennt, er also reagieren kann, darf der Mieter die Miete mindern (BGH WuM 2010, 679).

Hat der Vermieter nach der Mängelanzeige einen erfolglosen Reparaturversuch unternommen oder ist der Mangel nicht vollständig beseitigt worden oder tritt er erneut auf, muss der Vermieter wieder informiert werden (LG Berlin GE 2011, 50).

FORM UND FRIST

Für die Mängelanzeige gibt es weder Form- noch Fristvorschriften. Allerdings ist die Anzeige der Mängel nicht nur Voraussetzung, dass der Reparaturanspruch des Mieters erfüllt wird, sondern auch der erste Schritt zu einer Mietminderung.

Unterlässt der Mieter die erforderliche Mängelanzeige, macht er sich unter Umständen sogar schadenersatzpflichtig (OLG Hamburg WuM 1991, 328; LG Berlin WuM 1998, 597).

Schadenersatzpflicht des Mieters tritt ein, wenn der Schaden bei rechtzeitiger Anzeige hätte vermieden oder dessen Ausweitung hätte verhindert werden können.

Während bei einem Wasserrohrbruch die sofortige Mängelanzeige erforderlich ist, kann bei einem Heizungsausfall im Sommer ohne Weiteres zwei bis drei Wochen abgewartet werden. Im Zweifel sollten Mieter aber ihren Vermieter sofort informieren, dann haben sie ihre Pflichten erfüllt und der Vermieter ist am Zug.

Tipp

Mieter sollten dem Vermieter schon im eigenen Interesse vorhandene Mängel so schnell wie möglich anzeigen. Dabei sind die Art und Schwere des Mangels, aber auch mögliche Auswirkungen zu berücksichtigen.

02

Verspätete Mängelanzeige

Bei einer verspäteten Mängelanzeige riskiert der Mieter, dass er für Schäden, die aus den Mängeln erwachsen sind, in Anspruch genommen wird. Er verliert sein Mietminderungsrecht für die Zeitspanne zwischen dem Auftreten und der Anzeige des Mangels. Aber auch nach einer verspäteten Mängelanzeige kann der Mieter die Miete – ab sofort – noch kürzen (BGH NZM 2003, 679).

Auch wenn es keine Formvorschriften für eine Mängelanzeige gibt, sollte sie schon aus Beweisgründen immer schriftlich erfolgen und den vorhandenen Mangel genau beschreiben. Allerdings reicht auch eine mündliche Information an den Vermieter aus.

NOTFÄLLE

In Notfällen gibt es oft gar keine andere Möglichkeit als die mündliche Information. Fällt beispielsweise im tiefsten Winter die Heizung aus, bleibt keine Zeit, Briefe zu schreiben. Hier muss ein Anruf beim Vermieter genügen. Um das Telefonat beweisen zu können, sollten Mieter am besten im Beisein eines potenziellen Zeugen, zum Beispiel eines Nachbarn, mit dem Vermieter reden.

Hat der Vermieter für eilige Mängelanzeigen – Heizungsausfall am Wochenende – keine Anlaufadresse im Mietvertrag, in der Hausordnung, per Rundschreiben oder Aushang benannt, muss er auch am Samstag seinen Anrufbeantworter abhören und so die mündliche Mängelanzeige entgegennehmen (AG Hamburg WuM 1988, 359).

Reagiert der Vermieter nicht, stellt sich für den Mieter die Frage, ob er zur Selbsthilfe berechtigt ist (vgl. Seite 30).

MÄNGELANZEIGE ENTBEHRLICH

Ohne seine Gewährleistungsrechte oder Schadenersatzansprüche aufs Spiel zu setzen, muss der Mieter in folgenden Ausnahmefällen die Mängel nicht anzeigen: Wenn

- der Vermieter oder einer seiner Angestellten – Hausmeister, Verwalter – den Mangel kennt oder kennen muss (OLG Düsseldorf NJW-RR 2009, 86; OLG Saarbrücken WuM 1989, 133). Gemeint sind Fälle, in denen beispielsweise der Fahrstuhl defekt ist und der Vermieter oder der Hausmeister mit im Haus wohnt.
- der Vermieter den Mangel gar nicht abstellen kann. Wird in der Nachbarschaft eine lärmintensive Baustelle eingerichtet, wäre ein Anzeigen der Mängel "nutzlose Förmelei".

AUSSCHLUSS DER MIETMINDERUNG

Gemindert werden darf die Miete nur so lange, wie der Mangel der Mietsache tatsächlich existiert. Ob die Wohnwertbeeinträchtigung im Einzelfall durch die Beendigung der Baumaßnahme, ein Einschreiten des Vermieters oder durch die Reparatur des Mieters selbst endet, ist dabei unmaßgeblich.

02

Daneben gibt es aber auch gesetzliche Vorschriften (§§ 536, 536 b und 536 c BGB), wonach der Mieter selbst bei vorhandenen Mängeln nicht zu einer Mietkürzung berechtigt ist.

UNERHEBLICHE BEEINTRÄCHTIGUNG

Wegen einer unerheblichen Beeinträchtigung kann die Miete nicht gemindert werden (§ 536 Absatz 1 Satz 3 BGB).

Jedoch bleibt der Reparatur- bzw. Erfüllungsanspruch des Mieters bestehen, auch unerhebliche Beeinträchtigungen muss der Vermieter beseitigen.

Die „Unerheblichkeit" eines Mangels kann nicht an einer bestimmten Minderungsquote festgemacht werden. Entscheidend sind vielmehr die Art des Mangels und die Auswirkung auf die Mietsache. So soll nicht jede „Kleinigkeit" zu einer Reduzierung der monatlichen Mietzahlungen führen können, sondern die Minderung nur bei spürbaren Nutzungsbeeinträchtigungen der Wohnung möglich sein (LG Frankfurt/Main WuM 2009, 79).

Unerheblich ist ein Mangel – so der Bundesgerichtshof (BGH WuM 2004, 531), wenn der Mangel leicht erkennbar ist und schnell sowie mit geringen Kosten beseitigt werden kann, sodass eine Mietminderung gegen Treu und Glauben verstoßen würde.

Unerhebliche Mängel

Die Rechtsprechung der Amts- und Landgerichte ist bei der Beurteilung der „Unerheblichkeit" nicht immer widerspruchsfrei. Als unerhebliche Mängel hat das Landgericht Berlin (GE 2010, 547) beispielsweise eingestuft:

- eine etwa 20 Zentimeter hohe Schwelle zur Loggia anstelle des früher schwellenlosen Übergangs (nach Durchführung von Renovierungs- und Sanierungsarbeiten);
- die Entfernung von bisher vorhandenen Blumenkastenhalterungen im Rahmen der Sanierungsarbeiten;
- den Austausch der Terrazzoplatten auf dem Balkon gegen Balkonplatten;
- die Änderung der Öffnungsbetätigung für das Oberlicht in der Küche;
- die Entfernung des Müllschluckers. Dem Nachteil, dass der Müll nicht mehr auf der Etage eingeworfen, sondern im Hof entsorgt werden muss, stehen Vorteile wie die geringere Geräusch- und Geruchsbelästigung oder niedrigere Betriebskosten gegenüber;
- neue, dickere Wandfliesen (8 bzw. 30 Millimeter), die zu keiner nennenswerten Wohnflächenminderung führen;
- optische Beeinträchtigungen durch „Risse", die leicht durch Spachteln und Überkleben beseitigt wurden.

Keine Aufaddierung

Diese sieben unerheblichen Mängel können auch nicht zu einem „erheblichen" Wohnungsmangel aufaddiert werden. Eine Mietminderung scheidet aus.

Allerdings akzeptierte eine andere Kammer des Landgerichts Berlin (WuM 2004, 233) Mietminderungen für diese Mängel:

- Armaturen, Wanne und Fliesen verkeimt, Duschwand verkalkt, verkeimt, defekt: 5 % Mietminderung;
- optische Beeinträchtigungen durch Wasserschäden im Flur und teilweises Ablösen der Deckentapete: 0,5 % Mietminderung;

- Risse in der Wohnzimmerdecke: 0,5 % Mietminderung;
- Geruchsbelästigungen im Bad: 2 % Mietminderung;
- lose Steckdosen in der Küche: 0,5 % Mietminderung;
- Loch im Badfußboden, ästhetische Beeinträchtigungen und Unfallgefahr: 2 % Mietminderung.

02

In den nachfolgenden Fällen sind die Amts- und Landgerichte aber jeweils von einem unerheblichen Mangel ausgegangen und haben eine Mietminderung abgelehnt:

- Müllschlucker wird stillgelegt (AG Hamburg WuM 1985, 260); andere Ansicht (AG Hamburg WuM 1981, U13);
- defekte Glühbirne im Hausflur (AG Pinneberg WuM 1980, 63);
- geringfügige Lärmbelästigungen durch Mitmieter, zum Beispiel das Betätigen der Wasserspülung, das Laufenlassen von Wasser, das Öffnen und Schließen von Fenstern nach 22 Uhr (AG Münster WuM 1983, 236);
- Haarrisse in der Zimmerdecke einer Altbauwohnung (LG Berlin WuM 1988, 301);
- Wasserfleck an der Badezimmerdecke (LG Berlin WuM 2000, 200);
- Sprung in der Fensterscheibe (LG Berlin WuM 2000, 200);
- einzelne Ameisen (fünf bis sieben) in der Wohnung, auch wenn es sich laut Mieterauskunft um „Späher-Ameisen" handelt (AG Köln WuM 1999, 363);
- Fußbodenleisten und Türenränder zum Teil nicht verfugt, fehlende Leinen im Trockenraum (AG Saarburg WuM 2002, 29);
- gelegentliches Überschreiten der Grenzwerte für Blei im Trinkwasser (LG Frankfurt WuM 1990, 384);
- Badewanne um 20 Zentimeter verkleinert durch Installation eines Acryleinsatzes (AG Dortmund WuM 1989, 172);
- defektes Sammelgaragentor (AG Kassel WuM 1989, 171);
- Entzug der Erlaubnis, Wäsche im Garten zu trocknen, wenn gleichzeitig im Keller des Hauses ein ausreichend

großer Trockenraum zur Verfügung steht (LG Köln WuM 1987, 271);

- abgetretene Türschwellen innerhalb der Wohnung (LG Berlin WuM 1988, 108).

Erheblichkeitsschwelle

Bei teuren Wohnungen kann die Erheblichkeitsschwelle bei Mängeln niedriger liegen als bei preiswerten Mietobjekten.

Nach Ansicht des AG Münster (WuM 1995, 704) rechtfertigten 1995 bei einer 2.210 DM teuren Wohnung zzgl. Betriebskosten auch kleinere Mängel eine Mietminderung: abgetrocknete Schimmelstellen im Hauswirtschaftsraum, drei gebrochene Fliesen in einer Ecke dieses Raumes und ein Haarriss in der Küche: 2 % Mietminderung.

Wenn der Vermieter für die Wohnung eine bestimmte Eigenschaft zugesichert hat, spielt es keine Rolle, ob es deren Wohnwert erheblich oder unerheblich beeinträchtigt, wenn diese fehlt. Das Fehlen allein begründet, dass die Miete gekürzt werden kann (LG Düsseldorf MDR 1990, 243).

KENNTNIS DES MANGELS BEI VERTRAGS-ABSCHLUSS

Nach dem Gesetz ist eine Mietminderung ausgeschlossen, wenn der Mieter den Mangel schon bei Abschluss des Mietvertrags kannte.

Vereinbarung eines mangelhaften Zustandes

Ansprüche ausgeschlossen

Haben Mieter und Vermieter beim Vertragsabschluss den schlechten Bauzustand des Hauses oder Abweichungen vom Mindeststandard im Wohnbereich ausdrücklich als vertragsgemäß vereinbart, schließt dies nicht nur eine Mietminderung oder mögliche Schadenersatzansprüche aus, sondern auch Erfüllungs- bzw. Reparaturansprüche (BGH NZM 2007, 484).

Voraussetzung ist, dass sich die Vertragsparteien tatsächlich darauf geeinigt haben, dass die Mietsache „so, wie sie ist", in dem beiden Seiten bekannten Zustand mit allen Fehlern und Mängeln als „vertragsgemäß" gemietet werden soll.

02

Vertragsgemäßer Zustand

Befand sich beispielsweise beim Abschluss des Mietvertrags das Einfamilienhaus in einem stark renovierungsbedürftigen Zustand und hatten die Vertragsparteien vereinbart, dass sich der Mieter das Haus nach seinen Bedürfnissen wohnlich herrichten und er für die Dauer von sechs Jahren nur „170 Euro" Miete zahlen sollte, ist der Zustand des Hauses als „vertragsgemäß" vereinbart. Der Mieter hat insoweit keine Erfüllungsansprüche oder Gewährleistungsrechte.

Meist ist aber davon auszugehen, dass nur weil der Mieter die Mängel bei Vertragsabschluss kennt, die mangelhafte Beschaffenheit der Mietsache nicht automatisch vereinbart ist.

Positive Kenntnis des Mangels

§ 536 b BGB bestimmt, dass Mieter, die die Mängel der Mietsache schon beim Vertragsabschluss kannten, weder die Miete mindern noch Schadenersatzansprüche erheben dürfen.

In der Praxis bedeutet das: Wer eine Wohnung in einem Neubaugebiet anmietet, darf sich wegen Baulärm in der Nachbarschaft nicht beschweren. Wer eine preiswerte Wohnung mit alten Fenstern und unklaren Scheiben mietet, soll nach seinem Einzug deshalb nicht weniger Miete zahlen dürfen.

Kenntnis des Mangels bedeutet, dass der Mieter nicht nur das äußere Erscheinungsbild, sondern auch die tatsächlichen Ursachen und konkreten Auswirkungen des Mangels auf die Gebrauchstauglichkeit der Wohnung kennen muss. Das gilt beispielsweise auch für systembedingte Bauwerksschäden in

Kenntnis konkreter Auswirkungen

den östlichen Bundesländern, wie verrottete Doppelfenster (KrsG Erfurt WuM 1993, 12) oder für ein nahezu baufälliges Haus, wenn der Mieter hierin bereits vor Vertragsabschluss ein halbes Jahr gewohnt hat (LG Stendal WuM 1994, 525).

Baumaßnahmen

Positive Kenntnis ist auch bei stadtbekannten (geplanten) Großbauprojekten oder bei offensichtlichen Baumaßnahmen in unmittelbarer Nachbarschaft der neu angemieteten Wohnung bejaht worden (KG NZM 1003, 178; OLG München WuM 1993, 607; LG Lübeck WuM 1998, 690). Befindet sich auf dem Nachbargrundstück „erkennbar ältere Bausubstanz" (OLG Braunschweig 1 U 68/10) oder „eine Baulücke im innerstädtischen Bereich", muss ein Mieter mit Bauarbeiten und Lärm rechnen (LG Gießen ZMR 2011, 384; LG Berlin GE 2009, 847). Das Gleiche gilt, wenn der Mieter weiß, dass er in ein Mischgebiet mit Diskotheken und Industrieanlagen ziehen wird (LG Berlin GE 1009, 1047).

Wer eine Neubauwohnung anmietet, muss nicht zwingend von Neubaufeuchtigkeit ausgehen. Eine Mietminderung oder Schadenersatzansprüche sind deshalb nicht ausgeschlossen. Wer eine Wohnung in einem hochwassergefährdeten Gebiet mietet, ist ebenfalls nicht automatisch von Gewährleistungsansprüchen ausgeschlossen, wenn dann tatsächlich das Hochwasser kommt.

Zwar muss derjenige, der in eine Wohnung über einer Gaststätte einziehen will, in aller Regel mit „gaststättenüblichen Lärmbeeinträchtigungen" rechnen, allerdings folgt daraus noch keine positive Kenntnis, dass der Gaststättenlärm die Lärmschutzwerte überschreitet (AG Bonn WuM 1990, 497) oder örtlich unüblicher Lärm (Livemusik) auftritt (AG Köln WuM 1990, 291).

Anders auch, wenn sich erst im Laufe der Mietzeit herausstellt, dass neben dem ganz normalen Gaststättenlärm weitere Lärmquellen hinzukommen oder sich die Schallisolierung als mangelhaft herausstellt (AG Braunschweig WuM 1990, 148). Eine Mietminderung kommt auch in Betracht, wenn der Vermieter beim Vertragsabschluss zwar auf die bevorstehen-de Eröffnung eines Lokals hinweist, dann aber hier eine Diskothek bzw. ein Nachtlokal aufgemacht wird (AG Miesbach WuM 1989, 368).

02

Entsprechend ist die Rechtslage, wenn sich ein zu Beginn des Mietverhältnisses hingenommener Mangel im Laufe der Mietzeit verschärft (KG NJW-RR 2002, 224). So berechtigen nächtlicher Lärm durch die Benutzung des Müllschluckers und die verstärkte Entsorgung von Flaschen und Metalldosen zu einer Mietminderung (LG Dresden NJWE-MietR 1997, 197).

Sich verschärfender Mangel

Unkenntnis wegen grober Fahrlässigkeit

Hat der Mieter den Mangel aufgrund „grober Fahrlässigkeit" nicht erkannt, verliert er nach § 536 b BGB ebenfalls seine Gewährleistungsrechte.

Von grober Fahrlässigkeit spricht man, wenn der Mieter die erforderliche Sorgfalt in einem ungewöhnlichen Maße verletzt und dasjenige unbeachtet lässt, was im gegebenen Fall jedem hätte einleuchten müssen (BGH WuM 1981, 92).

Das bedeutet, dass die Mietminderung unter Umständen dann ausgeschlossen ist, wenn schon beim Abschluss des Mietvertrags der Verdacht eines Mangels naheliegt. In diesen Fällen muss der Mieter das Objekt sorgfältig besichtigen. Wenn keine offensichtlichen Umstände auf einen Mangel hindeuten, ist der Mieter zwar nicht verpflichtet, die Wohnung besonders zu prüfen (BGH WuM 1978, 88; GuT 1007, 208). Jedoch kann er auf Mängel, die er hätte erkennen müssen, keine spätere Mietminderung mehr stützen (OLG Düsseldorf WuM 1992,

Tipp

Auch wenn der Mieter verborgene oder versteckte Mängel nicht erkennt, hat das mit grob fahrlässiger Unkenntnis nichts zu tun. Wer beispielsweise eine Wohnung im Sommer anmietet, kann beim besten Willen nicht erkennen, ob die Heizung funktioniert oder nicht.

368). Beispielhaft für grobe Fahrlässigkeit soll sein, wenn der Mieter eine Wohnung ohne vorherige Besichtigung anmietet und davon ausgegangen wird, dass die Mängel dabei hätten erkannt werden können.

Die Prüfpflicht darf jedoch nicht überspannt werden. So treffen den Mieter beispielsweise keine besonderen Erkundungs- und Untersuchungspflichten. Er muss auch nicht beim Vermieter nachhaken, ob Mängel vorliegen. Er kann letztlich davon ausgehen, dass ihm eine fehlerfreie Wohnung zum normalen vertragsgemäßen Gebrauch angeboten wird. Das bedeutet, auch bei einem nicht modernisierten Altbau kann der Mieter ohne besondere Vereinbarung einen Mindeststandard erwarten, der den Einsatz üblicher Haushaltsgeräte erlaubt.

Aber selbst grob fahrlässige Unkenntnis vom Mangel schadet dem Mieter nicht, wenn der Vermieter den Mangel arglistig verschwiegen hat. Das heißt, wenn der Vermieter den Mieter täuscht und dieser dadurch falsche Vorstellungen über den tatsächlichen Zustand der Mietsache gewinnt.

Mietminderung nach Mieterhöhung

Die Mietminderung ist zwar ausgeschlossen, wenn der Mieter den Mangel beim Vertragsabschluss kannte oder grob fahrlässig nicht erkannt hat. Die Möglichkeit einer Mietminderung lebt aber wieder auf, wenn der Vermieter im Laufe des Mietverhältnisses die Miete erhöht.

Durch diese Mieterhöhung greift der Vermieter in das bisher ausgeglichene Verhältnis von Leistung und Gegenleistung ein. Dann darf aber auch der Mieter reagieren und wegen „Altmängeln" die Miete kürzen.

Selbst wenn der Mieter zunächst auch nach der Mieterhöhung anstandslos und ohne Vorbehalt die volle Miete weiter zahlt, bleibt ihm die Möglichkeit, später noch die Miete zu kürzen.

Allerdings kann nur für die Zukunft gemindert werden, nicht rückwirkend, also beispielsweise nicht ab Vertragsabschluss.

VORBEHALTLOSE ANNAHME

Zieht der Mieter in eine mangelhafte Wohnung ein, obwohl er deren Mängel kennt, stehen ihm die Gewährleistungsrechte wie Mietminderung und Schadenersatz nicht zu. Es sei denn, er behält sich seine Rechte ausdrücklich bei der Annahme der Mietsache vor.

Der Vorbehalt kann formlos erklärt werden. Allerdings müssen die einzelnen Mängel, wegen denen sich der Mieter seine Rechte vorbehalten will, genau beschrieben sein. Hier reicht es nicht aus, wenn er einfach erklärt: „Ich behalte mir meine Gewährleistungsrechte vor." Er muss genau sagen, warum.

Ein Vorbehalt kann unter Umständen auch schon in der Aufforderung an den Vermieter gesehen werden, die Mängel zu beseitigen. Verspricht der Vermieter bei der Übergabe der Mietsache die Mängelbeseitigung, ist ein Vorbehalt überflüssig – genauso wie bei einem Vermieterversprechen beim Vertragsabschluss (KrsG Görlitz WuM 1993, 113). Beweisen muss diese Zusage der Mieter (OLG Düsseldorf ZMR 2009, 752).

Tipp

Die Höhe der wiederaufgelebten Mietminderung ist durch den Mieterhöhungsbetrag begrenzt. Hat der Vermieter die ortsübliche Vergleichsmiete beispielsweise um 100 Euro erhöht, darf die Miete höchstens um 100 Euro gemindert werden.

02

Vorbehaltserklärung

Werden in Wohnungsübergabeprotokollen verschiedene Mängel aufgelistet, ohne dass der Vermieter zusichert, diese noch zu beseitigen, muss der Mieter einen Vorbehalt erklären. Ansonsten ist eine Mietminderung wegen dieser Mängel ausgeschlossen (zu Wohnungsübergabeprotokollen siehe S. 14).

VORBEHALTLOSE ZAHLUNG DER MIETE

Stellt der Mieter während der Mietzeit Wohnungsmängel fest und zahlt er trotzdem über „längere Zeit" vorbehaltlos weiter die volle Miete, verliert er dadurch nicht das Recht zu einer künftigen Mietminderung (BGH WuM 2003, 440).

Tipp

Es ist es sinnvoll, mit der Mängelanzeige gleichzeitig zu erklären, dass die nächsten Mietzahlungen nur unter Vorbehalt erfolgen.

Anders bei Mietminderungen für die Vergangenheit: Hat der Mieter trotz Kenntnis der Mängel die Miete vollständig bezahlt, kann er die zu viel gezahlte Miete nur zurückfordern, wenn er sich dies vorbehalten hat (BGH WuM 2003, 440).

Aber auch das geht nicht endlos. Hat der Mieter „unter Vorbehalt" gezahlt, muss er innerhalb angemessener Zeit auch Konsequenzen ziehen und die Mietminderung tatsächlich durchführen, also durch Verrechnung mit den laufenden Mieten umsetzen, sonst droht ein Verlust des Mietminderungsrechts (LG Berlin GE 2003, 1429).

Das Mietminderungsrecht kann in diesen Fällen auch verwirkt sein. Hierfür gelten strenge Maßstäbe. Verwirkung setzt zum einen voraus, dass der Mieter über einen längeren Zeitraum sein Recht nicht geltend macht. Hier ist mittlerweile davon auszugehen, dass diese Zeitspanne deutlich länger als sechs Monate ist (BGH WuM 2003, 440). Zum anderen können auch die Schwere des Mangels, ob Mieter und Vermieter über den Mangel öfter gesprochen haben oder die Mängelbeseitigung zugesagt wurde, eine entscheidende Rolle spielen, ob das Minderungsrecht verwirkt worden ist oder nicht.

Verwirkung

Aber selbst wenn das Mietminderungsrecht ausnahmsweise entfallen sein sollte: Es lebt wieder auf, wenn der Vermieter die Miete erhöht (siehe oben, LG Berlin GE 2002, 196) oder wenn sich der Mangel erheblich verstärkt.

Verwirkung

Entscheidend kann auch sein, ob der Mieter durch Äußerungen oder Handlungen beim Vermieter das Vertrauen erweckt, er habe sich mit dem Mangel abgefunden und werde keine Ansprüche mehr stellen.

02

Es gibt auch den umgekehrten Fall: Nimmt der Vermieter über einen längeren Zeitraum hinweg die Mietminderung des Mieters hin, kann er zum Beispiel 18 Monate später nicht den errechneten Mietrückstand einfach nachfordern (OLG Hamburg WuM 1999, 281; LG München I NZM 2002, 779).

Umstritten ist hier aber, ob ein reiner Zeitablauf ausreichend ist, dass etwa der Vermieter acht Monate, zwölf Monate oder drei Jahre lang die Mietminderung hingenommen hat, oder ob hier Umstände hinzukommen müssen, wie bei der Verwirkung von Mieteransprüchen (siehe oben, dafür: OLG Düsseldorf NZM 2010, 820).

VERSPÄTETE MÄNGELANZEIGE

Solange der Mieter seinen Vermieter nicht über vorhandene Wohnungsmängel informiert, ist eine Mietminderung ausgeschlossen (siehe oben). Erst vom Zeitpunkt der Mängelanzeige an kann er seine Rechte für die Zukunft geltend machen.

Verspätete Mängelanzeige

Klemmen seit dem letzten Frost im Januar die Oberlichter der Wohnung und kümmert sich der Mieter zunächst nicht darum, weil er erst im Frühling die Fenster wieder zum Lüften nutzt und im April den Vermieter informiert, kann er auch erst ab diesem Zeitpunkt die Miete kürzen. Eine rückwirkende Mietminderung ab Januar ist ausgeschlossen. Der Vermieter konnte ja frühestens im April – nach der Mängelanzeige – tätig werden.

MIETER HAT MÄNGEL ZU VERTRETEN

Das Mietminderungsrecht entfällt auch, wenn der Mieter den Mangel selbst zu vertreten hat. So kann der Mieter die Miete nicht wegen einer defekten Fensterscheibe mindern, die er kurz vorher selbst beschädigt hat.

Der Mieter kann beispielsweise auch nicht argumentieren, dass seine Wohnung wegen einer unterbrochenen Stromversorgung mangelhaft sei, wenn die Unterbrechung durch den Versorger aus einem Streit über die Zahlungspflicht des Mieters resultiert. Der Stromliefervertrag zwischen Mieter und Versorger ist deshalb nicht der Risikosphäre des Vermieters zuzuordnen. Selbst wenn die Unterbrechung zu Unrecht erfolgte, besteht kein Recht zur Mietminderung (BGH WuM 2011, 97).

Auch bei Feuchtigkeitsschäden und Schimmelpilz in der Wohnung kann es sein, dass der Mieter diese Mängel zu vertreten hat, zum Beispiel weil durch einen Sachverständigen festgestellt worden ist, dass diese nachgewiesenermaßen ausschließlich auf falschem Heiz- und Lüftungsverhalten des Mieters beruhen (OLG Karlsruhe WuM 1984, 267; LG Göttingen WuM 1986, 308).

ABLEHNEN DER MÄNGELBESEITIGUNG/ ANNAHMEVERZUG

Wenn der Mieter die vom Vermieter beabsichtigten Reparaturen ablehnt oder erschwert, obwohl diese zur Beseitigung des Mangels beitragen, verliert er ebenfalls sein Mietminderungsrecht (AG Stuttgart-Bad Cannstatt WuM 2008, 594). Das Gleiche gilt, wenn er die vom Vermieter beauftragten Handwerker gar nicht erst in die Wohnung lässt.

Der Mieter erschwert oder verhindert die Mängelbeseitigung aber nicht, wenn er sich weigert, für „Baufreiheit" zu sorgen,

also Möbel nicht im Vorfeld der Arbeiten in der Wohnung ab-
baut oder beiseite räumt. Das Landgericht Berlin (GE 2009,
781) entschied, den Mieter treffe keine aktive Mitwirkungspflicht. Es sei Sache des Vermieters, den für die Mängelbeseitigung notwendigen Auf- und Abbau von Möbeln selbst vorzunehmen. In diesem Fall wies die Einzimmerwohnung des
Mieters erhebliche Feuchtigkeits- und Bauschäden auf. Es gab
keine Ausweichmöglichkeit, um die Möbel des Mieters innerhalb der Wohnung unterzubringen.

**Keine aktive
Mitwirkungspflicht**

02

Der Mieter kann die Mängelbeseitigung ablehnen, wenn
hierdurch Beweismittel vernichtet werden, die in einem Mietrechtsprozess
eine Rolle spielen könnten (OLG Naumburg, GuT 2002, 15). Hier ging es um
das „Überstreichen optischer Beeinträchtigungen", um durch Neuanstrich
abgetrockneter Flecken auch einen vorhandenen Wandriss abzudecken.
Gleichzeitig stritten Mieter und Vermieter vor Gericht aber über die Frage,
ob die Mietminderung wegen Feuchtigkeitsfolgeschäden, Salzausblühun-
gen und Wandrissen zu Recht erfolgte.

VERTRAGLICHE VEREINBARUNGEN

Im „Mietminderungsparagraphen" 536 BGB ist in Absatz 4
ausdrücklich geregelt, dass von den gesetzlichen Vorgaben
abweichende Regelungen im Mietvertrag unwirksam sind.

Unwirksame Vertragsklauseln sind zum Beispiel:

Tipp

Vertragsklauseln,
die eine Kürzung
der Miete bei
Wohnungsmän-
geln ausschließen
oder erschweren,
sind grundsätzlich
null und nichtig.

- Das Mietminderungsrecht ist vorher anzukündigen
  (LG Hamburg WuM 1980,126).
- Hat der Vermieter den Mangel nicht verschuldet, ist
  die Mietminderung ausgeschlossen (LG Hamburg
  WuM 2004, 601).
- Der Mieter darf nicht mindern, soweit er Ausbesserungs-
  und Baumaßnahmen des Vermieters dulden muss (OLG
  Düsseldorf OLGR Düsseldorf 1992, 78).

- Die Mietminderung ist nur zulässig, wenn der Mieter sich mit seinen bisherigen Zahlungsverpflichtungen nicht im Rückstand befindet (OLG Düsseldorf OLGR Düsseldorf 1992, 78).

Keine Fristen

Unzulässig sind auch Vertragsklauseln, die die Mietminderung von der Einhaltung bestimmter Fristen abhängig machen (OLG Düsseldorf OLGR Düsseldorf 1992, 78; LG Hamburg WuM 1980, 126).

Allerdings kann im Mietvertrag vereinbart werden, dass Mieter verpflichtet sind, die Mietminderung einen Monat vor Fälligkeit des Mietzinses anzuzeigen. Diese Regelung führt zwar zu einer Verzögerung der Mietminderung, sie soll dem Mieter aber zumutbar sein (BGH WuM 2008, 152).

Auch Mitgliedern einer Wohnungsbaugenossenschaft steht das Mietminderungsrecht zu. Das sogenannte genossenschaftliche Treueverhältnis steht dem nicht entgegen (LG Dresden WuM 1998, 216; AG Köln WuM 1995, 312).

Werden die Mieträume laut Mietvertrag „wie besichtigt" als vertragsgemäß anerkannt, bleibt das Recht zur Mietminderung wegen verborgener Mängel davon unberührt (KG Berlin GE 2002, 131), der Mieter kann die Miete kürzen.

KEINE MIETMINDERUNG BEI ENERGETISCHEN MODERNISIERUNGEN? – MIETRECHTSÄNDERUNGSGESETZ GEPLANT

Ende des Jahres 2011 hat die Bundesregierung den Referentenentwurf eines Mietrechtsänderungsgesetzes vorgelegt. Beabsichtigt ist hier unter anderem, das Mietminderungsrecht des Mieters bei energetischen Modernisierungen für drei Monate auszuschließen.

Bisher gilt, dass Wohnwertbeeinträchtigungen durch Lärm und Schmutz im Zuge von Baumaßnahmen zu einer Mietminderung berechtigen (siehe S. 39). Dabei spielt es keine Rolle, ob es sich um Reparaturarbeiten oder Modernisierungsmaßnahmen handelt, der Mieter die Arbeiten dulden muss oder diesen zugestimmt hat. Unerheblich ist auch, ob es sich um wohnwertverbessernde oder energieeinsparende Modernisierungen handelt. Entscheidend ist allein, dass infolge der Bauarbeiten im Haus oder in der Wohnung Wohnwertbeeinträchtigungen auftreten, die Wohnung somit nicht zu 100 Prozent vertragsgemäß ist.

02

Der Referentenentwurf des Mietrechtsänderungsgesetzes sieht jetzt vor, dass bei Maßnahmen zur energetischen Modernisierung künftig für einen Zeitraum von drei Monaten eine Minderung der Tauglichkeit ausgeschlossen ist. Dies gilt bei allen baulichen Veränderungen, die dazu beitragen, dass danach Endenergie oder nicht erneuerbare Primärenergie nachhaltig eingespart wird.

Werden diese Regierungspläne tatsächlich Gesetz, müssten Mieter bis zu drei Monate Wohnungsmängel wie Lärm, Dreck, nicht funktionierende Heizung, Ausfall der Warmwasserversorgung, fehlenden Lichteinfall wegen eines aufgestellten Gerüsts oder die Fassade verhüllende Planen hinnehmen und gleichzeitig die volle Miete zahlen – vorausgesetzt, die Baumaßnahme dient einer energetischen Modernisierung.

Keine Tauglichkeitsminderung mehr?

Ob und wann diese Gesetzesänderung tatsächlich eintritt, ist noch offen. Nach Einschätzung des Deutschen Mieterbundes wird dies frühestens Ende 2012 sein.

Tipp

Bei Mietminderungen wegen energetischer Modernisierungen sollten Mieter auf jeden Fall ihren örtlichen Mieterverein einschalten.

KLEINREPARATUREN

Normalerweise ist der Vermieter verpflichtet, notwendige Reparaturen durchzuführen oder auftretende Mängel zu beseitigen, um den vertragsgemäßen Zustand der Mietsache zu erhalten (§ 535 BGB).

Tipp

Es kann weder die völlige Abwälzung der Reparaturen auf den Mieter noch die Kostenbeteiligung an jeglicher Mängelbeseitigung im Haus oder in der Wohnung vereinbart werden.

In vielen Formularmietverträgen über Wohnraum werden die gesetzlichen Instandhaltungspflichten jedoch auf den Mieter abgewälzt. Danach soll der Mieter selbst für kleine Reparaturen verantwortlich sein bzw. die Kosten hierfür entweder vollständig übernehmen oder sich zumindest mit einem bestimmten Prozentsatz daran beteiligen. Konsequenz wäre dann, dass der Mieter in diesen Fällen mit seinem Mietminderungsrecht ausgeschlossen wäre, da er selbst die Verantwortung für die Schadensbeseitigung übernommen hat. Das ist auf jeden Fall unzulässig.

Der Mieter kann auch nicht wirksam über eine Kleinreparaturklausel verpflichtet werden, Reparaturen von Bagatellschäden selbst vorzunehmen oder in Auftrag zu geben. Er kann vertraglich nur verpflichtet werden, für Kleinreparaturen zu bezahlen. Der Reparaturauftrag selbst ist immer Sache des Vermieters. Muss der Mieter den Handwerker beauftragen, ist die Klausel unwirksam (BGH WuM 1992, 355).

Selbst wenn also eine wirksame Kleinreparaturklausel vereinbart ist, kann der Mieter bei sogenannten Bagatellschäden die Miete mindern. Allerdings muss hier immer geklärt werden, ob diese nicht nur ein unerheblicher Mangel sind (siehe oben) und der Wohnwert daher nur wenig beeinträchtigt ist.

Innerhalb enger Grenzen können Mieter über die Kleinreparaturklausel an den Kosten zur Mängelbeseitigung beteiligt werden. Der Bundesgerichtshof hat in mehreren Urteilen fünf zentrale Anforderungen für deren Wirksamkeit gestellt (BGH WuM 1989, 326; BGH WuM 1991, 381; BGH WuM 1992, 355):

- Grundsätzlich muss immer der Vermieter Reparaturen bezahlen. Nur für sogenannte Bagatellschäden kann im Mietvertrag vereinbart werden, dass der Mieter zahlt.
- Der Mieter kann nicht verpflichtet werden, die Reparaturen selbst durchzuführen oder in Auftrag zu geben.
- Bagatellschäden sind Schäden bis etwa 75 Euro (ursprünglich laut Entscheidung des Bundesgerichtshofs 150 DM, so auch zum Beispiel das OLG Hamburg WuM 1991, 385; OLG München WuM 1991, 388). Alles, was mehr kostet, ist keine Bagatelle. Sobald der Bagatellbetrag für die Reparatur überschritten wird, trägt der Vermieter die Kosten allein.
- Zahlen muss der Mieter allenfalls für Reparaturen derjenigen Teile, die seinem direkten und häufigen Zugriff unterliegen. Das sind Installationsgegenstände für Elektrizität, Gas, Wasser, Heiz- und Kocheinrichtungen, Fenster- und Türverschlüsse sowie Verschlussvorrichtungen von Fensterläden. So muss der Mieter unter Umständen für die Reparatur eines tropfenden Wasserhahns oder eines beschädigten Lichtschalters zahlen, nicht aber für die defekte Klingelanlage oder die Reparatur sonstiger unter Putz liegender Leitungen.
- Letztlich muss die wirksame Kleinreparaturklausel einen Höchstbetrag nennen, der für mehrere Reparaturen innerhalb eines bestimmten Zeitraums zu zahlen ist – höchstens 150 bis 200 Euro oder 8 Prozent der Jahresmiete (ursprünglich laut Bundesgerichtshof 400 DM).

Aber Achtung: Die Entscheidungen des Bundesgerichtshofs sind über 20 Jahre alt. Das muss bei der Festsetzung der Obergrenze für Bagatellschäden, aber auch beim Höchstbetrag für Kleinreparaturen innerhalb eines Jahres berücksichtigt werden.

Veraltete Obergrenzen

Das AG Würzburg zieht die Grenze bei 110 Euro im Einzelfall und 500 Euro für die jährliche Gesamtbelastung (WuM 2010, 561).

Tipp

Spätestens wenn im Mietvertrag als Obergrenze für die einzelne Kleinreparatur ein Betrag von mehr als 100 Euro aufgeführt wird oder die Kosten der jährlichen Gesamtbelastung 500 Euro überschreiten, sollte der örtliche Mieterverein eingeschaltet werden.

Tipp

Ist die Kleinreparaturklausel unwirksam, weil die vom Bundesgerichtshof aufgeführten Voraussetzungen nicht alle eingehalten sind, muss der Vermieter jede Reparatur zahlen – gleichgültig, wie viel sie kostet.

Sind im Mietvertrag noch die alten Obergrenzen – 150 DM oder 75 Euro bzw. 400 DM oder 200 Euro – vereinbart, dann bleiben diese wirksam. Der Vermieter kann keinen „Inflationsausgleich" auf diese Grenzen fordern, in neueren Mietverträgen können diese aber nach oben verschoben werden.

Unabhängig von den zu zahlenden Beträgen sind folgende Kleinreparaturklauseln unwirksam:

- „Der Mieter ist verpflichtet, ohne Rücksicht auf ein etwaiges Verschulden Reparaturen an Rollläden … auf eigene Kosten durchführen zu lassen." Das ist nach Ansicht des Landgerichts Wiesbaden eine unangemessene Benachteiligung des Mieters (WuM 1986, 241).
- „Für Instandhaltungsarbeiten hat der Mieter die Kosten bis zu einem Betrag von 75 Euro zu tragen, den darüber hinausgehenden Betrag der Vermieter." Weil der Mieter hiernach nicht nur für Kleinreparaturen zahlen, sondern sich vielmehr generell an allen Instandhaltungsarbeiten beteiligen müsste, ist diese Klausel unzulässig (LG Stuttgart WuM 1987, 254; AG Frankfurt WuM 1987, 18).
- Aus den gleichen Gründen unwirksam ist eine Klausel, die den Mieter verpflichtet, bei allen Reparaturen „die ersten 75 Euro" zu zahlen (OLG Düsseldorf WuM 2002, 545).
- „Der Mieter ist verpflichtet … Rollläden, Licht- und Klingelanlagen … in gebrauchsfähigem Zustand zu erhalten und zerbrochene Glasscheiben zu ersetzen." Nach Treu und Glauben ist hier eine unangemessene Benachteiligung des Mieters gegeben (LG München I WuM 1988, 145).
- Auch Formulierungen, nach denen der Mieter verpflichtet ist, bestimmte Mietgegenstände in gebrauchsfähigem Zustand zu erhalten, sind unwirksam (OLG München WuM 1991, 388). Abgewälzt werden darf nur die Pflicht zum Tragen der Kosten, nicht die Instandsetzungs- und Instandhaltungspflicht. Zahlen ja – reparieren nein (BGH WuM 1992, 355).

BERECHNUNG DER MIETMINDERUNG

Ausgangspunkt für eine Mietminderung ist die sogenannte Bruttomiete (BGH WuM 2005, 573; BGH WuM 2005, 384).

Das ist die tatsächlich gezahlte Gesamtmiete, also Grund- oder Kaltmiete plus Vorauszahlungen für die Betriebskosten (inklusive Heizkosten), oder die Grund- bzw. Kaltmiete plus Betriebskostenpauschale oder eine sogenannte Inklusivmiete, in der alle Kostenfaktoren zusammengefasst sind.

02

Gemäß § 536 BGB ist der Mietpreis bei Mängeln in angemessenem Umfang reduziert. Dabei richtet sich die Höhe der Mietminderung nach dem Umfang der Wohnwertbeeinträchtigungen.

Einfach gesagt: Je stärker sich die Mängel auswirken, desto mehr darf die Miete gekürzt werden. Schwierig ist es abzuwägen, wie stark der Mangel die Mietsache tatsächlich beeinträchtigt und in welcher Höhe demzufolge die Mietkürzung gerechtfertigt ist.

Abwägung

Einfach ist eine Abwägung nur bei dem Wohnungsmangel „zu geringe Wohnfläche": Tatsächlich 15 Prozent kleinere Wohnfläche als im Mietvertrag angegeben, bedeutet 15 Prozent Mietminderung; 20 Prozent geringere Wohnfläche berechtigen zu einer Mietminderung von 20 Prozent (BGH WuM 2010, 240; BGH WuM 2004, 336).

Bei allen anderen Wohnungsmängeln ist es schwierig einzuschätzen, wie stark der Wohnwert beeinträchtigt ist und wie sich demnach die Mietminderungsquote bemisst. Das Landgericht Hamburg (WuM 1983, 290) hat deshalb ein Bewertungsverfahren entwickelt, mit dessen Hilfe Mängel und Auswirkungen auf die Wohnung eingestuft werden können.

Hamburger Tabelle

Nach dieser sogenannten „Hamburger Tabelle" wird der Wohnwert der Räume abhängig von der Größe und normalen Nutzung ins Verhältnis zur Miete gesetzt. Dann wird bestimmt, inwieweit der Wohnwert der einzelnen Räume durch die Mängel gemindert wird (Minderungsquote) und wie hoch dadurch der Minderwert der gesamten Wohnung ist. Am Ende dieses „Berechnungsvorgangs" erfolgt noch einmal eine Gesamtbewertung. Denn – so das Landgericht Hamburg – es geht darum, die Gesamtleistung der Vertragsparteien in eine neue, dem Mindergebrauch entsprechende Beziehung zu setzen.

Berechnung der Minderungsquote

Für die Zeit vom 5. bis 14. Januar fallen die Heizung im Wohnzimmer und die gesamte Warmwasserversorgung aus. Der Mieter zahlt insgesamt 500 Euro Miete.

Raum	Wohnwert	Mietanteil in Euro	Minderungs- quote	Minderwert in Euro
Wohnzimmer	28 %	140	100 %	140
Arbeitszimmer	20 %	100	–	–
Schlafzimmer	12 %	60	–	–
Küche	10 %	50	50 %	25
Bad	10 %	50	50 %	25
Abstellräume	7 %	35	–	–
Gäste-WC	3 %	15	–	–
Balkon	10 %	50	–	–
	100 %	**500**	**=**	**190** (38 %)

Bei einer anderen Raumaufteilung, unterschiedlicher Nutzung oder kleineren Wohnungen können sich natürlich andere Prozentsätze ergeben.

Da das Wohnzimmer in diesem Beispiel zwischen dem 5. und 14. Januar nicht beheizt werden konnte und hier allenfalls Temperaturen von 15 bis 16 Grad Celsius erreicht wurden, war der Raum nicht zu nutzen, der Wohnwert praktisch null, deshalb 100 Prozent Mietminderung (BVerfG WuM 2002, 480).

02

Der Ausfall der Warmwasserversorgung betrifft unmittelbar nur die Küche und das Bad. Die Nutzungsmöglichkeit dieser Räume ist zwar stark eingeschränkt, aber nicht völlig aufgehoben. Deshalb erscheint eine Minderungsquote von 50 Prozent realistisch.

Um den Umfang der Nutzungseinschränkung in eine prozentuale Beeinträchtigung „umzurechnen", gibt es eine Richtschnur:

Berechnung der Nutzungseinschränkung

Beeinträchtigung	Mietminderung in Prozent
keine bzw. unerhebliche Beeinträchtigung	0 %
fast keine Beeinträchtigung	10 %
noch leichte, geringe Beeinträchtigung	20 %
mäßige Beeinträchtigung	30 %
deutliche, schon etwas stärkere Beeinträchtigung	40 %
starke Beeinträchtigung	50 %
sehr starke Beeinträchtigung	60 %
schwere Beeinträchtigung	70 %
sehr schwere Beeinträchtigung	80 %
massive Beeinträchtigung	90 %
völlige Aufhebung der Gebrauchstauglichkeit	100 %

Um die richtige Mietminderungshöhe zu ermitteln, muss anschließend noch eine Gesamtbewertung erfolgen. Hier kann

**Auswirkungen berück-
sichtigen**

zum Beispiel berücksichtigt werden, dass die Mängel im Wohnzimmer, in Küche und Bad nicht durch die verstärkte Nutzung anderer Räume ausgeglichen werden können. Kann das Wohnzimmer als Mittelpunkt der Wohnung nicht genutzt werden, hat das Einfluss auf die Nutzungsmöglichkeit der Wohnung insgesamt. Ähnlich sind die Auswirkungen des Ausfalls der Warmwasserversorgung in Küche und Bad. Der Mangel tritt zwar nur unmittelbar in diesen beiden Räumen auf, betroffen sind aber die Nutzungsmöglichkeiten der Wohnung insgesamt.

Unter Berücksichtigung dieser Überlegungen kann die Minderungsquote von 38 Prozent auf 45 Prozent angehoben werden.

Die Mietminderung von 45 Prozent der zu zahlenden Monatsmiete würde voraussetzen, dass die beschriebenen Wohnungsmängel einen ganzen Monat vorgelegen haben. Weil Heizung und Warmwasser im Beispiel jedoch nur zehn Tage lang ausgefallen sind, haben die Mängel den Wohnwert somit auch nur ein Drittel des Monats beeinträchtigt. Deshalb kann die Miete für Januar um 15 Prozent gekürzt werden, es sind also statt 500 Euro nur 425 Euro zu zahlen.

Oder: 45 Prozent Mietminderung pro Monat entsprechen 1,45 Prozent Mietminderung pro Tag im Januar; 14,5 Prozent Mietminderung für zehn Tage.

Beurteilungskriterien

Diese Berechnung der Mietminderung ist zwar nicht unumstritten, doch liegen die Meinungen der unterschiedlichen Gerichte nicht weit auseinander. Letztlich bieten die „Hamburger Tabelle" und die vielen Beispielurteile in diesem Buch Mietern wichtige Hinweise, wenn sie zunächst eigenständig abschätzen müssen, inwieweit die jeweiligen Wohnungsmängel den Wohnwert beeinträchtigen.

Beurteilt der Vermieter die Mängel und Mietminderungsfrage
völlig anders, kann er vor Gericht klagen.

Im Streitfall ist es Sache des Richters, die Höhe der Mietminderung endgültig zu beurteilen. Sachverständige können nur
zur Feststellung eines Mangels herangezogen werden, nicht
zur Beurteilung der Minderungshöhe (LG Saarbrücken WuM 1992, 144).

02

Grundlage für die Mietminderung ist die Bruttomiete, also die
Grundmiete sowie alle Nebenkosten. Konsequenz ist, dass
auch bei der jährlichen Betriebskostenabrechnung eine be-
rechtigte Mietminderung des Mieters mit berücksichtigt werden muss. Danach ist eine eventuelle Nachzahlungsforderung
des Vermieters anteilig zu kürzen. Nach einer Entscheidung
des Bundesgerichtshofs (BGH WuM 2011, 284) sind deshalb
miteinander zu vergleichen:

- die im Abrechnungsjahr geleisteten Zahlungen und
- die geschuldete Gesamtjahresmiete nach Abrechnung der
  Betriebskosten und berechtigten Mietminderung.

Mietminderung

Die Kaltmiete beträgt 500 Euro, dazu kommen 100 Euro Betriebskostenvorauszahlungen. Der Mieter mindert im Oktober und November die Miete
um 20 Prozent und zahlt nur 480 Euro. Nach der Abrechnung des Vermieters
sind im laufenden Jahr insgesamt 1.500 Euro Betriebskosten entstanden.
Aus der Betriebskostenabrechnung kann der Vermieter nur noch eine Nachzahlung von 290 Euro verlangen. Gerechnet wird:
- geleistete Zahlungen im Abrechnungsjahr:
  10 x 600 Euro und 2 x 480 Euro = 6.960 Euro

- geschuldete Gesamtjahresmiete:
  12 x 500 Euro Kaltmiete + 1.500 Euro abgerechnete Betriebskosten =
  7.500 Euro im Jahr oder 625 Euro pro Monat abzüglich der berechtigten Mietminderung in Höhe von 250 Euro (2 x 20 Prozent von
  625 Euro). Das ergibt 7.250 Euro.

AUSFÜHRUNG DER MIETMINDERUNG

Solange die Mietsache Mängel aufweist oder ihr eine zugesicherte Eigenschaft fehlt, kann die Miete gemindert werden.

Tritt der Wohnungsmangel nur periodisch, also nur in den Sommermonaten oder nur im Winter auf, kann die Miete auch nur für diese Zeit gekürzt werden (BGH GE 2011, 197). So kann beispielsweise im Oktober, November oder Dezember die Miete nicht mit dem Argument gekürzt werden, die Räume seien im Sommer wegen zu hoher Temperaturen nur eingeschränkt nutzbar.

Keine rückwirkende Minderung

Auch eine rückwirkende Mietminderung ist normalerweise nicht möglich. Erst ab Mängelanzeige an den Vermieter kann gemindert werden. Anders ist dies jedoch, wenn der Mieter anfangs den Mangel gar nicht kennt. Erfährt er erst ein Jahr nach seinem Einzug, dass die Wohnung mehr als 10 Prozent kleiner ist als im Vertrag angegeben, kann er auch für die Vergangenheit die Miete kürzen und den zu viel gezahlten Betrag zurückfordern (BGH WuM 2004, 268).

Miete mindern heißt, weniger Miete zahlen. Fällt am 15. Januar die Heizung aus und erfolgt die Reparatur am 30. Januar, kann der Mieter die Zahlungen für diesen Zeitraum kürzen.

Allerdings ist die Januar-Miete bereits zu Beginn des Monats – so bestimmen es in aller Regel der Mietvertrag und das Gesetz in § 556 b BGB – bis zum dritten Werktag gezahlt worden.

Hat der Mieter dem Vermieter eine Einzugsermächtigung erteilt, kann er der Lastschrift des vollen Mietzinses für diesen Monat „nachträglich" gegenüber seiner Bank widersprechen und dann nur die gekürzte Miete an den Vermieter überweisen (LG Köln WuM 1990, 380).

Bei einem Dauerauftrag oder einer Einzelüberweisung ist ein Rückruf nicht möglich. Hier hat der Mieter für den Monat Januar zu viel gezahlt. Der Vermieter ist „ungerechtfertigt bereichert", sodass der Mieter berechtigt ist, den Minderungsbetrag zurückzufordern. Diese Rückforderung kann der Mieter unabhängig von den laufenden Mietzahlungen geltend machen. Er kann den Betrag aber auch mit künftigen Mietzahlungen verrechnen.

02

Allerdings enthalten Mietverträge mitunter Klauseln, die dieses Aufrechnungsrecht des Mieters ausschließen oder einschränken.

Unwirksam sind Vertragsklauseln, die auch die Aufrechnung mit unbestrittenen oder rechtskräftig festgestellten Forderungen ausschließen. Auch eine Regelung, wonach der Aufrechnungsbetrag 25 Prozent des monatlichen Mietzinses nicht übersteigen darf, ist unwirksam (BGH WuM 2009, 228).

Ist das Aufrechnungsrecht ausnahmsweise durch eine individuelle Vereinbarung zwischen Mieter und Vermieter beschränkt, kann der Mieter trotzdem mit Forderungen wegen zu viel gezahlter Miete aufrechnen (§ 556 b Absatz 2 BGB). Er muss dem Vermieter dann nur mindestens einen Monat vor Fälligkeit der Miete schriftlich mitteilen, dass er aufrechnet.

Aufrechnung

FOLGEN EINER UNBERECHTIGTEN ODER ÜBERHÖHTEN MIETMINDERUNG

Hält der Vermieter die Mietminderung für unzulässig oder die Quote für zu hoch, kann er die aus seiner Sicht ausstehenden Mietbeträge einklagen. Dann entscheidet das Gericht, ob und in welcher Höhe eine Mietminderung erfolgen durfte.

Ist der Mieter mit seinen Mietzahlungen im Rückstand (im Verzug), kann der Vermieter das Mietverhältnis fristlos kündigen.

Zahlungsverzug

Zahlungsverzug liegt vor, wenn der Mieter an zwei aufeinander folgenden Terminen mit mehr als einer Monatsmiete oder über einen längeren Zeitraum mit einem Gesamtbetrag in Höhe von zwei Monatsmieten im Rückstand ist.

Weitere Voraussetzung für eine fristlose Kündigung ist aber, dass der Mieter schuldhaft entsprechende Mietrückstände hat auflaufen lassen.

Kündigungsrecht des Vermieters

War die Mietminderung berechtigt, stellt sich die Frage nach einem Kündigungsrecht des Vermieters natürlich nicht. Erst wenn eine Mietminderung praktisch „ins Blaue" erklärt wird, der Mieter wegen eines Mangels mindert, den er selbst verschuldet hat, oder er zum Beispiel wegen einer defekten Glühbirne im Hausflur 50 Prozent weniger Miete zahlt und ein Mietrückstand von einer oder zwei Monatsmieten entsteht, kommt eine Kündigung in Betracht.

Grundsätzlich gilt aber, dass selbst eine überhöhte oder sogar unberechtigte Mietminderung den Vermieter nicht zu einer Kündigung berechtigt (LG Berlin GE 1994, 1381; LG Hannover WuM 1994, 463; LG Osnabrück WuM 1986, 93; LG Braunschweig WuM 1985, 259). Ein Irrtum oder Verschätzen hinsichtlich des Minderungsumfangs hat der Mieter in der Regel nicht zu vertreten. Gerade eine unübersichtliche Rechtslage schließt ein Verschulden des Mieters hier aus (LG Berlin GE 2009, 1126).

Bevor der Mieter mindert, muss er allerdings die Rechtslage sorgfältig prüfen und unter Umständen Rechtsrat bei einem örtlichen Mieterverein oder einem Rechtsanwalt einholen.

Auch ist die höchstrichterliche Rechtsprechung zu beachten. Eine Falschberatung des Anwalts muss sich der Mieter zurechnen lassen (BGH WuM 2007, 24).

02

Dennoch geht das Landgericht Berlin (GE 2009, 1126) in zwei Entscheidungen von einem unvermeidbaren Rechtsirrtum des Mieters aus, wenn er sich über die Höhe der Mietminderung geirrt hat oder wenn das geltend gemachte Mietminderungsrecht selbst bei den einzelnen Gerichten umstritten ist. Ein Verzug scheidet dann aus und damit das Recht des Vermieters zur fristlosen oder ordentlichen Kündigung.

Das Landgericht Hamburg (Mieterjournal 4/2001, 18) dagegen bestätigte eine fristlose Kündigung des Vermieters, weil der Mieter zu Unrecht wegen Feuchtigkeitsschäden gemindert hatte. Allerdings hatte hier ein Sachverständiger festgestellt, dass falsches Lüftungsverhalten des Mieters Ursache für die Feuchtigkeitsschäden war. Er hatte den Mangel also selbst verschuldet. Hinzu kam, dass der Vermieter bereits 2007 und 2009 Feuchtigkeitsschäden in der Mieterwohnung hatte beseitigen lassen und die beauftragte Fachfirma auf die hohe Raumluftfeuchte und die Notwendigkeit des Lüftens hingewiesen hatte.

Unberechtigte Mietminderung

Ein verschuldeter Mietrückstand liegt auch dann nicht vor, wenn der Mieter wegen des Wohnungsmangels einen Teil der Miete zurückbehält (BGH WuM 1997, 488).

Dagegen ist eine Kündigung des Vermieters berechtigt, wenn der Mieter einfach die Mietzahlungen einstellt, ohne dem Vermieter den Mangel anzuzeigen, und dann Mietrückstände in Höhe von einer oder zwei Monatsmieten entstehen (BGH WuM 2011, 12).

BEWEISLAST

Streiten Mieter und Vermieter vor Gericht über die Frage, ob ein Wohnungsmangel vorliegt, stellt sich die Frage, wer was beweisen muss, damit über mögliche Gewährleistungsrechte entschieden werden kann.

Zunächst muss der Mieter beweisen, dass überhaupt Wohnungsmängel vorliegen oder zugesicherte Eigenschaften des Mietobjekts fehlen (OLG München WuM 1991, 681, LG Berlin GE 1995, 1343).

Angemessene Mängel-
beschreibung

Es reicht aus, wenn der Mieter einen konkreten Sachmangel darlegt, ohne einen bestimmten Minderungsbetrag anzugeben. Er muss die Mängel zwar genau beschreiben, aber nicht so detailliert, dass er beispielsweise auch den Umfang der Durchrostung oder der Undichtigkeiten eines Leitungsrohres angibt oder die Ursachen darlegt (BGH MDR 2011, 1464).

Letztlich geht es darum, dass der Mieter die tatsächlichen Umstände und Auswirkungen so ausreichend vorträgt, dass das Gericht die Beeinträchtigung nachvollziehen und beurteilen kann, ob die Minderungsquote angemessen ist (LG Berlin GE 2011, 58).

Außerdem muss der Mieter nachweisen, dass seine Mängelanzeige – rechtzeitig – erfolgt ist bzw. dass eine solche Anzeigepflicht ausnahmsweise nicht bestand. Ist der Mangel durch den Gebrauch der Mietsache verursacht worden, beispielsweise Brandlöcher im Wohnzimmerteppich, dann muss der Mieter nachweisen, dass weder er selbst noch Familienangehörige oder Besucher diesen Mangel verschuldet haben (LG Karlsruhe WuM 1984, 267).

Der Vermieter muss dagegen beweisen, dass der Mangel letztlich vom Mieter selbst zu vertreten ist, also nicht aus dem

Gefahrenkreis des Vermieters stammt (OLG Düsseldorf WuM 2002, 489) und auch nicht von einem Dritten herrührt, für den der Mieter nicht haftet (BGH WuM 2005, 57).

Außerdem ist es Sache des Vermieters nachzuweisen, dass der Mangel nur eine unerhebliche Beeinträchtigung darstellt, dass der Mieter diesen von Anfang an kannte (OLG Celle WuM 1985, 9; LG Göttingen WuM 1986, 308), dass gesetzliche Grenzwerte bei Umweltbeeinträchtigungen eingehalten werden (BGH WuM 2004, 217) oder dass die Mängelbeseitigung erfolgreich war, wenn der Mieter behauptet, die Mietsache sei auch nach einem Reparaturversuch weiterhin mangelhaft (BGH NZM 2000, 549).

02

Behauptet der Mieter, er habe die Wohnung nur unter Vorbehalt der Mängelbeseitigung angemietet oder der Vermieter habe die Mängelbeseitigung versprochen, muss er dies auch beweisen (OLG Düsseldorf GE 2009, 843).

Es gibt auch die Möglichkeit eines gerichtlichen selbstständigen Beweisverfahrens. Der Mieter kann dies einleiten, wenn er ein konkretes Interesse daran hat, den gegenwärtigen Wohnungszustand festzustellen (LG Saarbrücken WuM 1992, 144), etwa Schimmelflecken vor einer geplanten Renovierung.

Gerichtliches Beweisverfahren

Voraussetzung ist hier allerdings auch, dass besonderer Sachverstand notwendig ist, um Mängel festzustellen und es hierbei keinen anderen und kostensparenderen Weg gibt. Das Beweisverfahren dient auch nicht dazu, die Höhe einer Mietminderung zu bestimmen (LG Hannover WuM 1980, 221; LG Berlin WuM 1991, 163).

Bei Feuchtigkeitsschäden und Schimmelpilzbefall ist es in der Regel unproblematisch, den Mangel nachzuweisen, weil die Schäden sichtbar sind. Gestritten wird hier über die Frage, wer die Feuchtigkeitsschäden verschuldet hat, wer verant-

Tipp

Bei Lärmstörungen empfiehlt es sich, ein Lärmprotokoll zu erstellen. Auch bei einem Ausfall der Heizungsanlage sollte ein Protokoll erstellt werden, in dem beispielsweise die Zimmer- und die Außentemperaturen aufgelistet werden (siehe Musterprotokolle im Anhang).

wortlich ist. Immer dann, wenn es darum geht, ob der Mangel durch den Mietgebrauch verursacht wurde, muss der Vermieter zuerst beweisen, dass die Ursachen hierfür nicht in seinen Verantwortungsbereich fallen (BGH WuM 2005, 54). Erst wenn dieser Nachweis gelungen ist, muss der Mieter beweisen, dass er den Mangel nicht zu vertreten hat.

Bei Feuchtigkeitsschäden bedeutet das: Zunächst muss der Vermieter beweisen, dass keine Baumängel vorliegen, sodass unzureichendes Lüften die Ursache der Feuchtigkeit ist (LG Berlin ZMR 2002, 49; LG Freiburg WuM 1989, 559; LG Osnabrück WuM 1989, 370; LG Düsseldorf WuM 1989, 13; LG Hamburg WuM 1988, 353; LG Kiel WuM 1986, 295). Dem Mieter ist nicht zuzumuten, einen Beweis über Dinge zu führen, wie mögliche Baumängel, die im Gefahrenbereich des Vermieters liegen. Gelingt dem Vermieter der Nachweis, dass beispielsweise Fenster, Türen und Heizung in Ordnung sind und kein Baumangel vorliegt, hat der Mieter den „schwarzen Peter". Jetzt muss er beweisen, dass er die Feuchtigkeitsschäden nicht zu vertreten hat. Hierbei muss er darlegen, dass er ausreichend geheizt und gelüftet hat und gegebenenfalls auch, dass die vorhandene Möblierung keinen Einfluss auf die Mängel hat (LG Braunschweig ZMR 2002, 916; LG Berlin GE 1995, 761; LG Mannheim ZMR 1991, 481; LG Bochum DWW 1991, 188; LG Köln WuM 1990, 547).

Lässt sich nicht mit Sicherheit feststellen, ob die Schäden auf Baumängel oder auf das Verhalten des Mieters zurückzuführen sind, dann ist der Vermieter den Beweis schuldig geblieben, dass der Mangel nicht aus seinem Verantwortungsbereich stammt. Folge ist, eine Mietminderung des Mieters wäre berechtigt (LG Augsburg WuM 1985, 25; AG Lüdenscheid WuM 2007, 16).

URKUNDSVERFAHREN

Rechtsstreitigkeiten zwischen Mietern und Vermietern über Wohnungsmängel und Mietminderungen sind in aller Regel Zahlungsklagen des Vermieters. Er klagt tatsächliche oder vermeintliche Mietrückstände des Mieters ein.

Derartige Zahlungsklagen können auch in einem sogenannten Urkundsverfahren durchgeführt werden (BGH WuM 2009, 591; BGH WuM 2005, 526). Hierbei dürfen alle behaupteten Tatsachen nur mit Urkunden bewiesen werden. Der Vermieter kann seine Mietforderung – 100 Prozent Miete – relativ leicht mit Hilfe des Mietvertrags (Urkunde) beweisen. Die Übergabe der mangelfreien Wohnung selbst muss der Vermieter nicht durch Urkunde beweisen, sondern es reicht beispielsweise aus, wenn er Zahlungsbelege vorlegt, aus denen sich ergibt, dass der Mieter zumindest bei Beginn des Mietverhältnisses die volle Miete gezahlt hat (BGH WuM 2009, 591).

Aus Vermietersicht ist das Urkundsverfahren vorteilhaft, weil er damit versuchen kann, Zahlungsansprüche leicht und in relativ kurzer Zeit durchzusetzen. Das ist vor allem sinnvoll, wenn er die behaupteten Mietminderungsgründe für offensichtlich haltlos hält.

Will sich der Mieter im Urkundsverfahren gegen die Zahlungsklage wehren und einwenden, dass er wegen Wohnungsmängeln zu einer Mietminderung berechtigt gewesen ist und gar nicht den 100-prozentigen Mietzins schuldet, kann er sich nur ausnahmsweise auf Urkunden stützen, die vorhandene Wohnungsmängel dokumentieren. Denkbar wäre ein Wohnungsübergabeprotokoll, in dem die einzelnen Mängel aufgelistet sind. Stehen dem Mieter keine Urkunden zur Verfügung, um Mängel und Berechtigung zur Mietminderung nachzuweisen, ergeht im Urkundsprozess das Urteil zu Gunsten des Vermieters. Der Mieter muss dann im Rahmen eines sogenannten

Nachverfahren

Tipp

Durch Urkunds-
und Nachver-
fahren werden
Mieterrechte
nicht beschnitten.
Liegen tatsächlich
Wohnungsmängel
vor und werden
die im Nachverfah-
ren mit den übli-
chen Beweismit-
teln, zum Beispiel
Sachverständigen-
gutachten oder
Zeugenaussagen,
nachgewiesen,
wird der Vermieter
seine Zahlungskla-
ge verlieren und
muss die Kosten
des gesamten
Verfahrens tragen.
Mieter sollten sich
daher durch einen
Urkundsprozess,
der möglicher-
weise zu ihrem
Nachteil ausgeht,
nicht einschüch-
tern lassen.

Nachverfahrens – praktisch ein zweites, normales Gerichts-
verfahren – seine Rechte geltend machen.

Das Urkundsverfahren ist unzulässig, wenn der Mieter anhand
von Urkunden nachweisen kann, dass Mängel existieren. Das
kann beispielsweise ein Wohnungsübergabeprotokoll sein, in
dem Mängel bei Wohnungsübergabe aufgelistet sind. Hier
kommt ein Urkundsverfahren nur in Betracht, wenn der Vermieter seinerseits durch Urkunden nachweisen kann, dass die
Mängel tatsächlich beseitigt sind (BGH WuM 2010,761).

Zahlungsklage

Das Urkundsverfahren ist unter Umständen eine Option für den
Vermieter. Er muss die Zahlungsklage aber nicht im Urkundsverfahren
geltend machen, sondern er kann „ganz normal" auf Zahlung der
Mietrückstände klagen.

MÄNGEL, MINDERUNGSQUOTEN, URTEILE

Die folgende Zusammenstellung von Urteilen zu Mängeln und
Minderungsquoten bietet konkrete Anhaltspunkte, um für
den eigenen Fall die Höhe einer möglichen Mietminderung
zu ermitteln. Allerdings sind die Urteile nicht rechtsverbind-
lich für andere Gerichte, sondern nur Beispiele und betreffen
den jeweiligen Einzelfall. Schon kleine Änderungen im Sach-
verhalt, unterschiedliche Auswirkungen des Mangels auf die
Wohnung, Schwierigkeiten bei der Beweisführung oder neue
Grenzwerte führen zu abweichenden Bewertungen durch
andere Gerichte. Wichtig ist es deshalb, auch die in den vor-
angegangenen Kapiteln dargestellten allgemeinen Voraussetzungen des Gewährleistungsrechts zu kennen.

Keine Rechtsverbind-
lichkeit

HAUS, WOHNUNG, WOHNUMFELD

Das Haus selbst, die gemietete Wohnung und das Wohn-umfeld müssen sich in einem ordentlichen und fehlerfreien Zustand befinden. Die Haustechnik muss vertragsgemäß funktionieren und beispielsweise Treppenhaus, Hausfassade, Briefkästen usw. müssen in Ordnung sein.

02

Veränderungen oder Verschlechterungen der Mietsache oder des Wohnumfeldes begründen ebenfalls eine Mietminderung. Allerdings garantiert das Mietrecht keinen „Milieuschutz". Än-derungen des Wohnumfeldes – Rotlichtmilieu, Drogenszene oder Zuzug von Asylbewerbern – rechtfertigen nur dann eine Mietminderung, wenn es zu konkreten Beeinträchtigungen kommt.

Urteile

Haus allgemein, Wohnmilieu

Keine Mängel/Mietminderung:

- die bisher von einer Bank genutzten Räume werden an ein Beerdigungsinstitut vermietet (AG Stuttgart ZMR 2009, 458);
- systembedingte Schäden, zum Beispiel bei Plattenbauten in der ehemaligen DDR, sind vom Mieter als vertragsge-mäß hinzunehmen. Trotzdem kann nach einer Mieterhö-hung wegen derartiger Mängel die Miete möglicherweise gemindert werden (AG Pasewalk WuM 92, 683; KrsG Dö-beln WuM 92, 535; KrsG Erfurt WuM 93, 112);
- Graffiti im Hausflur sind keine Wohnungsmängel, solange nicht eine besondere Beschaffenheit des Treppenhauses zwischen Mieter und Vermieter vereinbart wurde (LG Ber-lin GE 2010, 1541);
- Drogenszene im Umfeld der Mietwohnung rechtfertigt kei-ne Mietminderung. Es sei denn, es kommt zu konkreten Beeinträchtigungen, zum Beispiel nächtliche Ruhestörun-

Graffiti im Hausflur

gen, Pöbeleien oder Verschmutzung des Hauseingangs (LG Düsseldorf NJW-RR 95, 330);

- wenn auf dem Nachbargrundstück Asylbewerber oder Übersiedler untergebracht werden (kein Milieuschutz, AG Gronau WuM 91, 161);
- wenn sich Obdachlose im Hausflur aufhalten, zumindest wenn nicht klar beschrieben wird, wann bzw. wie oft sie im Hausflur übernachten (LG Berlin WuM 2004, 233).

Erhebliche Mängel/Berechtigte Mietminderung:

- wird ein Abkürzungsweg zum Haus entgegen jahrelanger Übung vom Vermieter abgesperrt: 10 % Mietminderung (AG Münster WuM 82, 170);
- trotz Zusage keine Pkw-Einstellplätze geschaffen: 10 % Mietminderung (AG Köln 213 C 295/86);

Treppenhaus

- abblätternde Farbe und Verschmierungen im Treppenhaus: 10 % Mietminderung (AG Köln WuM 97, 470; AG Schöneberg GE 91, 527);
- völlig verwahrlostes und verdrecktes Treppenhaus, außerdem Verwahrlosung der Hauszugänge und der Außenanlage: 20 % Mietminderung (AG Dortmund WuM 98, 570);
- entspricht das Treppenhaus bei einer ortsüblichen Miete nicht den Anforderungen an eine „mittlere Art und Güte": 5 % Mietminderung (AG Hamburg – Altona WuM 96, 535);
- Verschmutzung des Treppenhauses wegen Renovierungsarbeiten: 10 % Mietminderung (LG Berlin MM 94, 396);
- Graffiti an der Hausfront und im Eingangsbereich kann als Mangel bewertet werden, wenn der Umfang wesentlich das im Wohnviertel übliche Maß überschreitet (AG Hamburg WuM 2006, 244);
- ist die Hausfassade beschädigt oder verunstaltet, insbesondere die Außenseiten der Fenster, stellt dies einen erheblichen Mangel dar (LG Osnabrück WuM 86, 93; LG Berlin MM 86, 327; AG Tempelhof-Kreuzberg WuM 88, 252).

Haustechnik/Elektrik

Keine Mängel/Mietminderung:

- der Müllschlucker wird vom Vermieter außer Betrieb gesetzt (AG Hamburg WuM 85, 260; LG Hamburg WuM 99, 601; LG Mainz WuM 99, 215).

02

Erhebliche Mängel/Berechtigte Mietminderung:

- über 30 db(A) hinausgehende Bremsgeräusche des Fahrstuhls: 10 % Mietminderung (LG Berlin GE 2011, 58);
- defekte Gegensprechanlage: 3 % Mietminderung (AG Neukölln MM 88, 151); 6 % Mietminderung (AG Aachen WuM 89, 509); 1 % Mietminderung (AG Schöneberg GE 91, 527); 5 % Mietminderung (AG Rostock WuM 99, 64, LG Berlin GE 92, 159);
- Ausfall der Gegensprech- und Klingelanlage: 10 % Mietminderung (AG Rostock WuM 99, 64);
- Hausbeleuchtung funktioniert nicht: 1 % Mietminderung (AG Schöneberg GE 91, 527);
- fehlende Klingel bei Neubauwohnung: 5 % Mietminderung (AG Potsdam WuM 96, 760);
- Wohnungsklingel defekt: 3 % Mietminderung (AG Neukölln, MM 88, 151);
- defekte Hauseingangstür: 3 % Mietminderung (AG Neukölln MM 88, 151);
- normalerweise darf der Vermieter gegen den Willen der Mieter eine Müllabwurfanlage nicht schließen (AG Berlin-Mitte MM 97, 240); 2,5 % Mietminderung (AG Hamburg WuM 81, U 13);
- Ausfall des Personenaufzugs (je nach Geschoss), im fünften Stock: 7,5 % Mietminderung (AG Bremen WuM 87, 383);
- der Zugang zum Stromzähler wird behindert: 1 % Mietminderung (LG Berlin GE 2009, 97).

Briefkasten

Das Amtsgericht Charlottenburg hat entschieden, dass der Mieter Anspruch auf einen DIN-gerechten Briefkasten hat (AG Charlottenburg NZM 2002, 163).

Erhebliche Mängel/Berechtigte Mietminderung:
- Briefkästen, die beim Einwurf von Zeitschriften bzw. DIN-A4-Umschlägen Probleme bereiten: 0,5 % Mietminderung (LG Berlin MM 90, 261);
- funktionsuntüchtiger Briefkasten, defekter Schließmechanismus, eingeworfene Post wird nass: 1 % Mietminderung (AG Mainz WuM 96, 701); 2 % Mietminderung (AG Potsdam WuM 96, 760).

Prostitution

Keine Mängel/ Mietminderung:
- ein vor Beginn des Mietverhältnisses im Haus befindlicher Bordellbetrieb ist zumindest in einer Großstadt kein Mangel der Mietsache (LG Berlin GE 2009, 453).

Bordellbetrieb

Erhebliche Mängel/Berechtigte Mietminderung:
- ein Bordell im Haus beeinträchtigt das Wohnen, weil kein separater Eingang besteht und eine am Haus angebrachte Leuchtreklame auf das Bordell hinweist: 10 % Mietminderung (LG Berlin GE 2008, 671);
- bei Beeinträchtigungen und Belästigungen durch Prostitution im gleichen Haus: 25 % Mietminderung (AG Regensburg WuM 90, 386; AG Münster – 50 C 62/87); 20 % Mietminderung (AG Wiesbaden WuM 98, 315);
- ein Bordell im Haus und die Möglichkeit, im Treppenhaus Kunden zu begegnen, ohne dass zusätzliche Beeinträchtigungen erforderlich sind (LG Berlin WuM 2004, 233): 10 % Mietminderung;
- Prostitution im Miethaus berechtigt den Mieter zur fristlosen Kündigung (AG Köln WuM 2003, 145).

Wohnung

Keine Mängel/Mietminderung:

- die Außenlage einer Wohnung und der damit verbundene höhere Energiebedarf stellen keinen Mangel dar (AG Steinfurt WuM 83, 235).

02

Erhebliche Mängel/Berechtigte Mietminderung:

- ist die Wohnung wegen teilweise fehlender, teilweise mangelhafter Beheizung, Löchern in der Zimmerdecke usw. in einem Zustand, der das Haus praktisch unvermietbar macht: 100 % Mietminderung (LG Wiesbaden WuM 80, 17);
- ist die Wohnung nach einem Brand unbewohnbar: 100 % Mietminderung (LG Frankfurt / M. WuM 96, 535);
- ständige Durchfeuchtung der Außenwände und Rattenbefall im Umfeld, sodass die Wohnung keinen Wohnwert mehr hat: 100 % Mietminderung (AG Potsdam WuM 95, 534);
- ist das Wohnzimmer wegen Einsturzgefahr infolge eines Wasserschadens nicht zu nutzen: 30 % Mietminderung (AG Bochum WuM 79, 74);
- ist die Wohnung nach einem Hochwasser unbewohnbar: 100 % Mietminderung. Gleichzeitig hat der Mieter Anspruch auf Schadenersatz, zumindest dann, wenn die Wohnung in einem hochwassergefährdeten Gebiet liegt und der Vermieter bei Abschluss des Mietvertrags nicht auf diese Gefahr hingewiesen hat (AG Friedberg WuM 95, 393);

Hochwasser

- Schadenersatz wegen Hochwasser, wenn der Vermieter im Hochwassergebiet keine Schutzvorkehrungen getroffen hat (Abwasserhebeanlage) (LG Köln WuM 96, 334);
- wegen Überschwemmungsschäden durch Jahrhundertregen mit Durchfeuchtung des Teppichbodens, Versandung und unerträglichem Gestank: 80 % Mietminderung (AG Friedberg WuM 84, 198). Anders dagegen das Oberlandesgericht Frankfurt (WuM 84, 78): keine Minderung, sondern

Schadenersatz, wenn infolge starker Regenfälle eine Überschwemmung durch einen Kanalrückstau wegen eines fehlerhaften Rückstauventils entsteht. Das Oberlandesgericht Hamm (WuM 88, 349) und das Landgericht Freiburg (WuM 87, 383) gehen aber davon aus, dass ein fehlendes Rückstauventil ein Fehler der Mietsache ist, wenn der Abwassereinlauf im Fußboden eines Mietraumes unterhalb der Rückstauebene liegt;

- Trennwand zum Hausflur ist bei Neubauwohnung noch nicht eingebaut: 25 % Mietminderung (AG Potsdam WuM 96, 760).

Wohnumfeld/Beeinträchtigungen durch Tiere

Keine Mängel/Mietminderung:

- wenn eine Wohnung an einer Bahntrasse angemietet und diese Trasse dann ausgebaut wird (LG Berlin GE 2009, 53);
- wenn die Bäume vor einer Erdgeschosswohnung wachsen und die Wohnung dadurch weniger Licht erhält (AG Neukölln MM 2008, 299);

Katzenhaltung

- Katzenhaltung von anderen Mietern allein ist kein Mangel (AG Bad Arolsen WuM 2007, 191); Mieter können von ihren Nachbarn jedoch verlangen, dass sie ihre Katzen so halten, dass sie weder in die Wohnung der Mieter gelangen noch auf deren Balkon oder Terrasse ihre Notdurft verrichten (LG Bonn – 8 S 142/09);
- wenn in ländlichen Gegenden und dörflicher Umgebung Vogelkot nistender Schwalben auf Balkon oder Terrasse anfällt (AG Eisleben NZM 2006, 898);
- Vogelkot (nicht von Tauben) auf dem Balkon berechtigt in der Regel nicht zu einer Mietminderung (LG Berlin GE 2010, 1057).

Erhebliche Mängel/Berechtigte Mietminderung:

- Verunreinigung des Balkons durch Taubenkot berechtigt zur Mietminderung (AG Hamburg WuM 88, 121);

- wenn der Balkon nicht zu benutzen ist, weil sich dort häufig streunende Katzen, die von Mitbewohnern durch Füttern herbeigelockt werden, aufhalten: 15 % Mietminderung (AG Bonn WuM 86, 212).
- im und am Haus nistende Tauben: 10 % Mietminderung (LG Berlin MM 95, 354);
- schwerwiegende, jahrelang andauernde Taubenplage, Gesundheitsbeeinträchtigung des Mieters (Taubenallergie): 35 % Mietminderung plus Schadenersatz und Schmerzensgeld (LG Freiburg WuM 98, 212);
- in etwa fünf Meter Entfernung zur Mietwohnung wird ein Flechtzaun (1,8 Meter hoch und 5,8 Meter lang) errichtet, der den Ausblick in die umliegende Landschaft und die Wälder verbaut, außerdem Zugluft wegen undichter Fenster: 11,7 % Mietminderung (AG Dülmen WuM 2010, 737);
- eine Beeinträchtigung des Lichteinfalls durch Nachbarbebauung ist ein Fehler, wenn die Lichtverhältnisse in den Räumen stärker beeinträchtigt werden als es öffentlich-rechtliche Vorschriften erlauben (OLG Hamm MDR 83, 579);
- wenn oberhalb der Mieterwohnung ein Balkon an die Fassade angebaut und der Lichteinfall dadurch deutlich beschränkt wird: 10 % Mietminderung (AG Hamburg-Wandsbek WuM 2002, 486).

WOHNFLÄCHE, WOHNUNGSGRÖSSE

Vor einigen Jahren schreckte eine DEKRA-Studie Mieter und Eigentümer auf. Danach waren die Angaben zur Wohnungsgröße in 80 Prozent aller untersuchten Fälle falsch. Die falsche Wohnflächenangabe im Mietvertrag stellt jedoch nicht automatisch einen Mangel der Mietsache dar. Nach der Rechtsprechung des Bundesgerichtshofs kommt es nämlich entscheidend darauf an, wie groß die Flächenabweichung ist.

Abweichungen

Nur wenn die tatsächliche Wohnfläche um mehr als zehn
Prozent unter der vertraglich vereinbarten Fläche liegt, hat die Wohnung einen Mangel. Dann darf der Mieter die Miete immer kürzen ohne
nachweisen zu müssen, dass dieser Mangel die Gebrauchstauglichkeit der
Wohnung beeinträchtigt (BGH WuM 2004, 336).

Die vereinbarte Miete ergibt sich in der Regel direkt aus dem
Mietvertrag. Dabei spielt es keine Rolle, ob dort angegeben ist
„100 qm" oder „ca. 100 qm" (BGH WuM 2004, 268).

Allerdings soll sich der Vermieter auf die Unverbindlichkeit
seiner Angaben im Mietvertrag berufen können, wenn er hier
betont, dass wegen möglicher Messfehler die Quadratmeterzahl nicht zur Festlegung des Mietgegenstandes dient (BGH
WuM 2011, 11).

**Geminderte Ge-
brauchstauglichkeit**

Bei Flächenabweichungen von genau zehn Prozent oder weniger ist eine Mietminderung allenfalls dann noch möglich,
wenn der Mieter nachweisen kann, dass hierdurch die Gebrauchstauglichkeit tatsächlich gemindert ist (KG WuM 2005,
713), oder wenn der Vermieter die Wohnfläche ausdrücklich
zugesichert hat.

Die Höhe der Mietminderung ergibt sich aus dem Umfang
der Abweichungen. Elf Prozent weniger Wohnfläche als im Mietvertrag
angegeben, heißt elf Prozent Mietminderung. 15 Prozent weniger Fläche =
15 Prozent Mietminderung (BGH WuM 2004, 268).

Hat der Mieter im Laufe der Mietzeit aufgrund der falschen
Wohnflächenangaben zu viel Miete gezahlt, kann er für die
Vergangenheit Rückforderungsansprüche geltend machen
(BGH WuM 2004, 268). Die Verjährungsfrist beträgt drei Jahre
und beginnt mit dem Schluss des Jahres zu laufen, in dem

der Anspruch entstanden ist und der Mieter von der Wohn-
flächenabweichung erfahren hat bzw. diese grob fahrlässig
nicht bemerkt hat (BGH WuM 2007, 346).

Verjährungsfrist

Bemerkt der Mieter den Wohnflächenmangel im März 2012, beginnt die
dreijährige Verjährungsfrist Anfang 2013 und endet Ende 2015. Bis dahin
können Ansprüche bis zum Beginn des Mietverhältnisses zurück erhoben
werden, aber höchstens zehn Jahre lang, das heißt 2012 höchstens bis in
das Jahr 2002 zurück.

Zur Wohnfläche gehören die Grundflächen aller als Wohnraum vermieteten Räume innerhalb der Wohnung, einschließlich Flur, Balkon, Loggia usw. Dagegen zählen die Flächen von
Räumen außerhalb der Wohnung, wie Keller, Garage, Waschküche oder Trockenraum, nicht mit.

Haben Mieter und Vermieter nichts anderes vereinbart, wird
die Wohnfläche bei Vertragsabschlüssen bis zum 31. Dezember 2003 nach den Vorschriften der II. Berechnungsverordnung ermittelt, bei Vertragsabschlüssen seit dem 1. Januar
2004 nach der Wohnflächenverordnung. Die Vorschriften unterscheiden sich nur geringfügig, und praktisch nur bei der
Berechnung der Balkon- und Terrassenflächen. Sie werden
mit einem Viertel ihrer Fläche berücksichtigt, höchstens zur
Hälfte. Vor dem 1. Januar 2004 wurden sie in der Regel mit
der Hälfte berücksichtigt.

Bei der Ermittlung der Wohnfläche werden die Grundflächen
voll angerechnet. Bei Wandschrägen in Dachgeschosswoh-
nungen zählen aber Räume oder Raumteile mit einer Höhe von
weniger als einem Meter gar nicht mit. Raumteile zwischen
einem und zwei Metern Höhe zählen zur Hälfte mit. Erst ab
zwei Metern werden die Raumteile ganz angerechnet.

Wohnflächen-
ermittlung

Urteile

- Wenn die tatsächliche Wohnfläche mehr als zehn Prozent von der im Mietvertrag genannten Fläche abweicht, so liegt ohne Weiteres ein Mangel vor. Die Mieter sind berechtigt, die vertraglich geschuldete Miete zu mindern und Rückzahlung der in der Vergangenheit zu viel gezahlten Miete zu fordern (BGH WuM 2004, 268).

- Die Mietminderung ist der Höhe nach entsprechend der prozentualen Flächenabweichung gerechtfertigt (BGH; WuM 2004, 336). Ist die Wohnung tatsächlich mehr als zehn Prozent kleiner als im Mietvertrag angegeben, kann der Mieter die Miete mindern, fristlos kündigen und/oder Rückzahlung zu viel gezahlter Mieten fordern (BGH WuM 2009, 349).

Berechnungs-
grundlagen

- Die Ermittlung der Wohnfläche richtet sich nach der II. Berechnungsverordnung bei Vertragsabschlüssen bis zum 31. Dezember 2003 bzw. nach der Wohnflächenverordnung bei Vertragsabschlüssen seit dem 1. Januar 2004. Es sei denn, Mieter und Vermieter hätten im Mietvertrag ausdrücklich etwas anderes vereinbart oder eine andere Berechnungsweise ist vor Ort üblich (BGH WuM 2009, 344).

- Bei Flächenabweichungen von mehr als 10 Prozent kann der Mieter unter anderem die Miete mindern. Das gilt auch für möbliert vermietete Wohnungen (BGH WuM 2011, 213).

- Es macht keinen Unterschied, ob im Mietvertrag die Wohnungsgröße exakt angegeben ist oder eine Circa-Fläche genannt wird. Ist die Wohnung mehr als zehn Prozent kleiner, gilt die tatsächliche Fläche (BGH WuM 2010, 240).

- Die Gartenfläche zählt bei der Berechnung der Wohnfläche eines Einfamilienhauses nicht mit. Auch nicht zu einem geringen Teil (BGH WuM 2009, 733).

- Eine Sitzecke auf dem Hof, die 20 Meter von der Wohnung entfernt ist, zählt nicht zur Wohnfläche (BGH WuM 2009, 514). Bei der Wohnflächenberechnung dürfen nur Freisitze angerechnet werden, die an den vermieteten Wohnraum, wenigstens aber an das Gebäude angrenzen. Ist die Voraussetzung nicht erfüllt, darf die Sitzecke nicht bei der Gesamtwohnfläche angerechnet werden.

- Bei der Ermittlung der Wohnfläche einer Maisonettewohnung ist die Fläche des zu Wohnzwecken mit vermieteten Galeriegeschosses mit zu berücksichtigen. Das gilt auch dann, wenn die Räume des Galeriegeschosses bauordnungsrechtlichen Vorschriften nicht entsprechen (BGH WuM 2010, 150; BGH WuM 2009, 661).

- Sind im Souterrain Räume zu Wohnzwecken angemietet, sind diese Flächen bei der Wohnflächenberechnung zu berücksichtigen. Keine Rolle spielt, ob die Räume baurechtlichen Vorschriften nicht genügen (BGH WuM 2009, 662).

- Steht im Mietvertrag „Mietraumfläche 61,5 qm", ist für einen Durchschnittsmieter damit die Angabe der Wohnfläche gemeint und nicht die der Grundfläche der Wohnung (BGH WuM 2010, 27).

- Wird im Mietvertrag keine Wohnungsgröße genannt, dann sind für den Vermieter Angaben in einer Zeitungsanzeige und in einer übergebenen Grundrissskizze zur Wohnungsgröße bindend. Der Mieter kann sich bei entsprechenden Flächenabweichungen mit Erfolg auf die vorvertraglichen Angaben berufen (BGH WuM 2010, 480).

- Steht im Mietvertrag, dass die Angabe zur Wohnungsgröße wegen möglicher Messfehler nicht zur Festlegung des Mietgegenstandes dient, ist die Angabe der Quadratmeterzahl im Mietvertrag unverbindlich. Auch bei Flächenabweichungen von mehr als 10 Prozent kann der Mieter die Miete nicht mindern (BGH WuM 2011, 11).

Vorvertragliche Angaben

DACH, ZWISCHENDECKE

Dächer oder Zwischendecken müssen Schutz vor Feuchtigkeit und Wind bieten sowie dicht und außerdem gedämmt sein. Wegen mangelhafter Abdichtungen darf es nicht zu Geruchsbeeinträchtigungen kommen. Wird beispielsweise das Dachgeschoss im Haus ausgebaut, sind aktuelle Schall-schutzvorschriften zu beachten, mit dem Ausbau verbundene Lärmbeeinträchtigungen können ebenfalls einen Wohnungs-mangel darstellen. Wenn der Vermieter allerdings gegen seine Pflicht verstößt, nicht begehbare, aber zugängliche oberste Geschossdecken beheizter Räume mit einer Dämmung nach-zurüsten, begründet dies in der Regel keine Schadenersatz-oder Minderungsansprüche des Mieters (LG Berlin GE 2011, 485). Die Energieeinsparverordnung beschreibt öffentlich-rechtliche Verpflichtungen.

Urteile

Keine Mängel/Mietminderung:

- eine undichte Dachrinne und deshalb am Fenster ablaufen-des Wasser (LG Berlin WuM 2004, 233).

Erhebliche Mängel/Berechtigte Mietminderung:

- vom Dach in den Wohnraum und ins Schlafzimmer eindrin-gende Feuchtigkeit, Durchfeuchtung der ganzen Fenster-front und Teilen der Decke: 25 % Mietminderung (VG Berlin GE 84, 183);
- wenn Wasser infolge einer Naturkatastrophe (Schnee-sturm) durch die Decke tropft: 30 % Mietminderung (AG Kiel WuM 80, 235);

Dachgeschossausbau

- bei Dachgeschossausbau und entsprechenden Beein-trächtigungen in der darunterliegenden Wohnung: 33 % Mietminderung (LG Berlin GE 96, 1051); 20 % Mietminde-rung (LG Berlin GE 2001, 771);
- wenn wegen nicht ausreichend abgedichteter Zwischen-decken Zigarettenrauch aus der darunterliegenden Woh-nung zieht: 10 % Mietminderung (LG Berlin – 65 S 124/08); 5 % Mietminderung (AG Kerpen WuM 2010, 764);
- wenn aufgrund der schlechten Abdichtungen am Gebäude Zigarettenrauch und Essensgerüche in die Mietwohnung ziehen: 20 % Mietminderung (LG Stuttgart WuM 98, 724).

FENSTER, TÜREN

Undichte Fenster, durch die Zugluft und Feuchtigkeit in die Wohnung gelangt, unklare, blinde Fensterscheiben, verrottete Fensterrahmen oder auch Probleme beim Schließen der Fenster sind typische Mängel, die immer wieder für Mieterärger sorgen. Grundsätzlich gilt, dass Haus- und Wohnungstür abschließbar sein müssen. Auch optische Mängel an der Wohnungstür können eine Mietminderung rechtfertigen (AG Köln WuM 1978, 189). Und das Amtsgericht Dortmund hat entschieden, dass einfache Doppelglasfenster erster Generation mit thermisch nicht getrennten Aluminiumrahmen, an dem sich Schwitzwasser absetzt, mangelhaft sind und saniert werden müssen (AG Dortmund WuM 2011, 619).

02

Urteile

Erhebliche Mängel/Berechtigte Mietminderung:

- Doppelfenster sind unklar und undicht: 6 % Mietminderung (AG Köln WuM 81, 283);
- wenn Doppelfenster infolge von Feuchtigkeit blind werden: 10 % Mietminderung (LG Darmstadt WuM 85, 22);
- wenn alte Fenster luftdurchlässig und nur schlecht zu schließen sind: 5 % Mietminderung im Sommer, 10 % im Winter (AG Münster WuM 82, 254);

  Luftdurchlässigkeit

- wenn Fenster so verrottet sind, dass sie nicht geschlossen werden können und deshalb ein ungehindertes Eindringen ermöglichen: 10 % Mietminderung (AG Bergisch Gladbach WuM 80, 17);
- wenn alle Fenster der Wohnung undicht sind und die Küchenwand infolge der eindringenden Feuchtigkeit zum Teil schon schwarz ist: 20 % Mietminderung (LG Hannover ZMR 79, 47);
- wenn sich die Oberlichter der Fenster nicht öffnen lassen: 10 % Mietminderung (AG Hagen WuM 82, 282);

- bei Undichtigkeit aller Fenster und damit verbundener ständiger Feuchtigkeit in der Wohnung: 50 % Mietminderung (AG Leverkusen WuM 81, U 9);
- bei Wassereintritt durch undichte Fenster: 5 % Mietminderung (LG Berlin MDR 82, 671);
- eine beschädigte oder verunstaltete Hausfassade, insbesondere die Außenseiten der Fenster, stellt einen erheblichen Mangel dar (LG Osnabrück WuM 86, 93; LG Berlin MM 86, 327; AG Tempelhof-Kreuzberg WuM 88, 252);

Zugluft

- starke Zugluft im Haus wegen defekter Fensterdichtungen: 20 % Mietminderung (LG Kassel WuM 88, 108; auch das AG Lörrach WuM 89, 564);
- wenn sich die Fenster nicht korrekt öffnen und schließen lassen, die Fenster im Schlafzimmer, Gäste-WC und im Büro weder wasser- noch winddicht sind, ist eine Mietminderung von 5 % gerechtfertigt (LG Münster 1 S 236/10). Bei einem Mangel „undichte Fenster" fordert das Landgericht Berlin (GE 2011, 1555), dass der Mieter darlegen muss, wann es wie stark geregnet hat, wann und wie viel Regenwasser eindrang und bei welchen Außentemperaturen es wie kalt in der Wohnung war;
- wenn die Wohnungstür fehlt: 15 % Mietminderung (LG Düsseldorf WuM 1973, 187);
- wenn die Wohnungstür zwar geschlossen, aber nicht abgeschlossen werden kann: 5 % Mietminderung (AG Köln WuM 1978, 126).

TEPPICH, FUSSBÖDEN

Für die Fußböden, mit denen der Vermieter die Wohnung ausgestattet hat, bleibt er während der Mietzeit verantwortlich – gleichgültig, ob es sich um PVC-Boden, Teppichboden, Laminat, Fliesen oder Parkett handelt. Gebrauchsschäden muss der Vermieter daher auch beseitigen; sind die Fußböden nach Jahren verschlissen, muss er sie – gleichwertig – ersetzen (siehe auch AG Köln, WuM 97, 553: ein verschlissener Teppichboden begründet eine Mietminderung, bis der Fußbodenbelag ersetzt ist; AG Erfurt WuM 2009, 342; bei der Teppichboden-erneuerung muss der Vermieter einen gleichwertigen Boden-belag stellen und auch die Kosten für das Aus- und Einräumen der betroffenen Zimmer tragen).

02

Probleme entstehen häufig, wenn in Mehrfamilienhäusern die oben wohnende Mietpartei den Fußbodenbelag austauscht oder der Vermieter statt des alten Teppichbodens hier Laminat oder Parkett verlegt. Dies kann in den darunter liegenden Wohnungen zu erheblichen Lärmbeeinträchtigungen führen.

Natürlich muss der neue Fußboden fachmännisch verlegt werden. Soweit Schallschutzvorschriften zu beachten sind, gelten die Regeln, die zum Zeitpunkt der Errichtung des Gebäudes in Kraft waren. Werden diese Vorgaben eingehalten, liegt auch dann kein Mangel vor, wenn sich durch den Austausch des Fußbodenbelags der Schallschutz gegenüber dem Zustand bei Anmietung der Wohnung verschlechtert (BGH WuM 2009, 457).

Tipp

Bei Fußbodenbelägen, wie Fliesen und Laminat, die Lärm nicht dämpfen, gehört es in Mehrfamilienhäusern, insbesondere in Altbauten, nicht mehr zum vertragsgemäßen Gebrauch, sie mit „Hackenschuhen" zu begehen. Im Interesse der darunter wohnenden Mieter ist es zumutbar, die Schuhe an der Wohnungstür auszuziehen (LG Hamburg WuM 2010, 147).

Urteile

Keine Mängel/Mietminderung:
- „wippende" Dielen sind in einem Altbau typisch (AG Charlottenburg GE 2010, 129).

Erhebliche Mängel/Berechtigte Mietminderung:
- mangelhafter Teppichboden (Stolpergefahr und gestörter optischer Eindruck): 15 % Mietminderung (OLG Celle WuM 95, 584);

- Wasserschäden auf dem Teppichboden und schwarze Flecken: 9 % Mietminderung (AG Münster 28 C 476/96);
- vom Vermieter verlegter Teppichboden, der sich vom Untergrund ablöst und für Stolpergefahr sorgt: 4,65 % Mietminderung (AG Köln WuM 88, 108);
- wenn bei Reparaturarbeiten am PVC-Fußboden Fliesen von erheblich abweichender Farbtönung verlegt werden, ohne diese an die vorhandene Struktur anzupassen, ist das ein Mangel der Mietsache (AG Hamburg-Altona WuM 2006, 563).

BALKON, TERRASSE

Vertragsgemäßer Zustand

Auch Balkon und Terrasse müssen sich in einem vertragsgemäßen Zustand befinden, sie gehören mit zur Mietsache. Ist der Balkon baufällig, muss der Vermieter ihn sanieren (AG Berlin-Mitte MM 1995, 359). Solange der Balkon wegen Reparaturbedürftigkeit oder wegen Einrüstung des Hauses, zum Beispiel infolge von Modernisierungsarbeiten, nicht genutzt werden kann, kann die Miete gemindert werden (AG Schöneberg GE 2011, 758). Das gilt erst recht, wenn der Vermieter den Balkon abreißen lässt.

Der Balkon oder die Terrasse sind unter Umständen auch nicht vertragsgemäß zu nutzen, wenn sie ständig durch Taubenkot verunreinigt werden, sich hier herumstreunende Katzen oder gar Ratten aufhalten (siehe hierzu auch Abschnitt Wohnumfeld/Tiere).

Urteile

Keine Mängel/Mietminderung:
- wenn vom oben liegenden Balkon bei Regen Wasser auf den Balkon des Mieters tropft, reicht das für eine Mietminderung nicht aus (AG Münster WuM 2006, 192);

- wenn die Balkonbrüstung statt 90 nur 73,5 Zentimeter hoch ist, zumindest nicht in einem denkmalgeschützten Altbau (LG Berlin GE 2010, 343).

Erhebliche Mängel/Berechtigte Mietminderung:

02

- wenn der Balkon wegen Reparaturbedürftigkeit nicht benutzbar ist: 3 % Mietminderung (LG Berlin MM 86, 327; AG Wetzlar ZMR 2009, 542);
- wenn der Vermieter den Balkon abreißt: 8 % Mietminderung und Verpflichtung, wieder neu zu bauen (LG Hamburg WuM 97, 432); 5 % Mietminderung (AG Potsdam WuM 94, 376);

Grillen auf Balkon und Terrasse

Grillen ist auf dem Balkon verboten, wenn dies im Mietvertrag so vereinbart ist (LG Essen WuM 2002, 337).

Grillen auf dem Balkon oder der Terrasse ist einmal monatlich erlaubt, wenn Nachbarn 48 Stunden vorher informiert werden (AG Bonn WuM 97, 325).

Mindestens sechs Stunden im Jahr darf gegrillt werden. Empfohlen werden ein Elektrogrill, Alufolie oder offenes Holzkohlefeuer (LG Stuttgart NJWE – MietR 97, 37).

- schadhafte Wasserschenkel an der Balkontür: 1 % Mietminderung (LG Berlin GE 2010, 1621);
- wenn der Balkon des Nachbargebäudes nach einer Lückenbebauung nur noch wenige Meter vom Schlafzimmerfenster des Mieters entfernt ist (wegen der besonders intensiv empfundenen Einblicksituation): 5 % Mietminderung (AG Potsdam WuM 2004, 233);
- ein neuer Balkon direkt über dem Fenster der Mietwohnung (7 Meter lang und 1,5 Meter tief): 10 % Mietminderung wegen Beeinträchtigung der Aussicht und des Lichteinfalls (AG Hamburg-Wandsbek WuM 2002, 486);
- wenn die große, von der Wohnung aus zugängliche Terrasse – insbesondere in den Sommermonaten – wegen Bauarbeiten nicht betreten werden kann: 15 % Mietminderung (AG Eschweiler WuM 94, 427);

- wenn die Terrasse unbenutzbar ist: 5 % Mietminderung (AG Potsdam WuM 96, 760).

BAD UND TOILETTE

Bad und Toilette müssen als Räume der Mietwohnung in einem vertragsgemäßen Zustand sein. Daneben müssen aber auch die Einrichtungen in diesen Räumen in Ordnung sein und funktionieren. Meistens werden Toilette, Badewanne und Waschbecken mitvermietet. Dann ist der Vermieter auch während der Mietzeit für eine Mängelbeseitigung verantwortlich.

Nutzungszeiten

Häufig gibt es auch Streit darüber, zu welchen Zeiten geduscht oder gebadet werden darf.

Baden und Duschen sind grundsätzlich auch nach 22 Uhr erlaubt (OLG Düsseldorf WuM 91, 288).

Ist die Badewanne derart abgenutzt, dass sie im Sitzbereich stumpf und rau ist, hat der Mieter Anspruch darauf, dass der Vermieter den ordnungsgemäßen Zustand wieder herstellt. Das bedeutet nicht, dass der Vermieter die Badewanne austauschen muss. Er kann sich zum Beispiel auch für eine Neuemaillierung entscheiden (AG Hannover WuM 2009, 585).

Typische Mängel im Bad sind Probleme mit der Wasserversorgung, Abflussverstopfungen, mangelhafte Belüftung oder bauliche Fehler, sodass jedes Geräusch aus dem Bad in der Nachbarwohnung zu hören ist (vgl. im Einzelnen auch die Urteile zu Lärmbelästigungen S. 141 f., Warmwasserversorgung, S. 108 f., Schallisolierung S. 138 f.)

Urteile

Erhebliche Mängel/Berechtigte Mietminderung:

- fließt das gesamte Abwasser aus einer oben gelegenen Nachbarwohnung in die Toilette: 20 % Mietminderung (AG Berlin-Neukölln – 8 C 473/81);
- wenn durch einen Abwasserstau übel riechendes Wasser aus der Toilette und der Badewanne austritt: 38 % Mietminderung (AG Groß Gerau WuM 80, 128);
- defekter Badewannenabfluss: 3 % Mietminderung (AG Schöneberg GE 91, 527);
- Fäkalienrückfluss in der Toilette: 5 % Mietminderung (AG Schöneberg GE 91, 527);
- einzige Toilette nicht benutzbar: 80 % Mietminderung (LG Berlin MM 88, 213);
- 50 % Mietminderung und 250 Euro Schmerzensgeld, weil das Unterlassen der Reparatur eine schuldhafte Pflichtverletzung des Vermieters darstellte (AG Hannover WuM 2009, 346);
- unzumutbar aufgeraute Badewanne: ca. 3 % Mietminderung (LG Stuttgart WuM 88, 108);
- Badewanne nur wenige Stunden in der Woche zu nutzen (laut neuer Hausordnung freitags von 18 bis 22 Uhr und samstags von 15 bis 22 Uhr, was dem Fehlen einer Badewanne gleichzusetzen ist): 24 % Mietminderung (AG Helmstedt WuM 89, 564);
- einzig vorhandene Bade- oder Duschmöglichkeit funktioniert nicht: 33 % Mietminderung (AG Köln WuM 98, 690);
- optische Mängel im Badezimmer durch altersbedingte Abnutzungen an Fliesen und Waschbecken: 3 % Mietminderung (AG Hamburg-Altona WuM 2008, 551);
- optische Mängel durch verschiedenfarbige Badezimmerfliesen nach Reparaturarbeiten des Vermieters: 5 % Mietminderung (LG Kleve WuM 91, 261). Jedoch keine Minderung, wenn in diesem Fall farblich identische Badezimmerfliesen nicht mehr im Handel erhältlich sind und der

Optische Mängel

Vermieter sich daher darauf beschränkt, nur die betroffene Wand neu zu fliesen (AG Köln WuM 97, 41);

- verkalkte und verkeimte Armaturen, Wanne und Fliesen: 2 % Mietminderung (LG Berlin WuM 2004, 233);
- nicht funktionierende Dusche: 16 bis 17 % Mietminderung (AG Köln WuM 87, 271);
- Küche und Toilette sind unbenutzbar: 50 % Mietminderung (LG Berlin MM 10/83, 14);
- im fensterlosen Badezimmer wird die ganztägige Entlüftung auf Zwölf-Stunden-Betrieb umgestellt: 4 % Mietminderung (AG Köln WuM 2010, 347);
- die zweite zur Wohnung gehörende Toilette wird vom Vermieter abgeschlossen: 7 % Mietminderung (AG Nidda WuM 83, 236);

Entlüftung

- wenn eine Toilette nur durch eine Absaugvorrichtung entlüftet wird und der Vermieter die Anlage abschaltet: 5 % Mietminderung (AG Köln WuM 80, 163);
- Sprung in der Toilettenschüssel: 10 % Mietminderung (AG Büdingen WuM 98, 281);
- unzureichender Wasserdruck der Toilettenspülung: 15 % Mietminderung (AG Münster WuM 93, 124);
- mangelhafte Verfugung im Bad: 4 % Mietminderung (LG Berlin GE 2010, 1621);
- unzureichender Wasserdruck, Fließdruck weniger als zwei bar, bei Wohnung im vierten Stock: 8 % Mietminderung (LG Berlin GE 2010, 547).

KÜCHE

Mängel in der Küche können den Raum selbst, aber auch die Einrichtungen betreffen. Ähnlich wie das Bad ist auch die Küche für die Wohnung von größter Bedeutung.

Nasse Wände in der Küche mit Schimmelbildung rechtfertigen eine Mietminderung von 15 Prozent (LG Berlin GE 2010, 1621). Nach Ansicht der Richter ist zu berücksichtigen, dass die Küche als der einzige zur Nahrungszubereitung geeignete

Raum mit Koch- und Backmöglichkeit sowie Wasseranschluss und -abfluss für das Wohnen von herausragender Bedeutung ist. Ihre Gebrauchsbeeinträchtigung ist daher weniger leicht auszugleichen als die anderer Räume.

Das aber hat zur Folge, dass sich die eingeschränkte Nutzung der Küche stärker auswirkt als die eines anderen gleich großen Wohnraums.

02

Wird eine Wohnung mit Küche vermietet, kann der Mieter erwarten, dass die Küche auch einen Kühlschrank hat, sonst liegt ein Mangel vor (LG München I NZM 2003, 152). Aber selbst bei einer als „exklusiv ausgestattet" beworbenen Neubauwohnung soll nach Ansicht des Gerichts kein Mangel vorliegen, wenn dort ein Geschirrspüler fehlt.

Ausstattung

Urteile

Erhebliche Mängel/Berechtigte Mietminderung:
- bei Einzug fehlt die mitgemietete Einbauküche: 100 % Mietminderung (LG Itzehoe WuM 99, 41); 20 % Mietminderung, auch wenn dies mehr ist als der für die Küche vereinbarte Möblierungszuschlag (LG Dresden WuM 2001, 336);
- fehlende Fliesen in der Küche: 10 % Mietminderung (LG Hannover WuM 2003, 317);
- Toilette und Küche nicht benutzbar: 50 % Mietminderung (LG Berlin MM 10/83, 14);
- eingeschränkte Wasserversorgung: 8 % Mietminderung (AG Charlottenburg GE 2010, 129);
- mitgemieteter Küchenherd ist nicht zu nutzen: 3 % Mietminderung (LG Berlin GE 2003, 188);
- Backofen ist nicht zu nutzen: 5 % Mietminderung (LG Kiel WuM 2003, 37);

- diverse Mängel an der Kücheneinrichtung, an Schränken und Schubladen: 3,5 % Mietminderung (LG Berlin GE 2009, 779).

SPEICHER, KELLER, TROCKENRAUM, GARAGE, STELLPLATZ

Nicht nur die Wohnung selbst sowie Balkon bzw. Terrasse müssen in Ordnung sein. Auch die „Nebenräume" außerhalb der eigentlichen Mietwohnung gehören mit zur Mietsache. Ist der Hobbyraum nicht benutzbar, kann die Miete gekürzt werden (AG Münster WuM 82, 170).

Minderungsrecht

Denn auch Mängel der Nebenräume müssen nicht akzeptiert werden. Ebenso stehen Mietern ansonsten Gewährleistungsrechte zu, unter anderem die Mietminderung (siehe zu Mängeln auch Lärm und Garage S. 149).

Urteile

Keine Mängel/Mietminderung:
- eine Garage muss nur für Fahrzeuge mit durchschnittlichen Ausmaßen geeignet sein. Passt ein Citroen 2 CV („Ente") nicht hinein, ist eine Mietminderung unzulässig, da dieses Fahrzeug überdurchschnittlich hoch ist (LG München 20 S 9970/859);
- fehlende Kellerbeleuchtung, wenn natürliches Licht den Kellergang erreicht (AG Pinneberg WuM 1980, 63).

Erhebliche Mängel/Berechtigte Mietminderung:
- trotz Zusage keine Pkw-Einstellplätze geschaffen: 10 % Mietminderung (AG Köln 213 C 295/86);
- bleibende Feuchtigkeitsschäden im Hobbyraum: 50 % der Kellermiete (LG Berlin GE 2011, 1685);
- die gesamte Kellerfläche eines Einfamilienhauses ist unbenutzbar: 20 % Mietminderung (OLG Brandenburg – 12 U

78/07); nicht mehr als 30 % Mietminderung (LG Berlin GE
2007, 516);

- wird der Keller nach Regenfällen feucht: 5 % Mietminderung (AG Düren WuM 83, 30);
- wird dem Mieter trotz vertraglicher Vereinbarung die Nutzung des Trocken-, Waschraums sowie des Gartens entzogen, rechtfertigt dies eine Mietminderung (LG Köln WuM
93, 670); nur der Trockenraum wird entzogen: 2 % Mietminderung (LG Saarbrücken WuM 96, 468);
- fehlender Keller: 5 % Mietminderung (LG Berlin GE 1998,
1151);
- Entzug des Fahrradkellers: 2,5 % Mietminderung (AG Men-
den WuM 2007, 190); 5 % Mietminderung (AG Hamburg
WuM 2008, 332);
- die Benutzung der Waschküche wird vorenthalten: 5 bis
10 % Mietminderung (LG Münster WuM 98, 723; AG Köln
WuM 83, 122; AG Koblenz WuM 80, 112; AG Osnabrück
WuM 90, 147);
- Waschküche und Trockenspeicher werden ganz und der
Garten teilweise vorenthalten: 17,5 % Mietminderung (AG
Köln WuM 2000, 691).

GARTEN

Ist ein Garten mitgemietet bzw. ist der Mieter laut Mietvertrag
zusammen mit den anderen Bewohnern des Hauses berechtigt, den Garten oder die Grünfläche am Haus zu nutzen, muss
der Vermieter diesen vertragsgemäßen Gebrauch sicherstellen. Er darf den „Vertragsgegenstand" auch nicht eigenmächtig verändern. Gleichgültig, ob der Mieter zum Beispiel
bei Einfamilienhäusern die Gartenpflege übernimmt oder ob
in Mehrfamilienhäusern der Vermieter hierfür verantwortlich
ist: um die „große" Gartenarbeit, wie Bäume fällen oder beschneiden, muss sich der Vermieter selbst kümmern.

Vertragsgemäßer
Gebrauch

02

Urteile

Keine Mängel/Mietminderung:

- wenn die Hecke im Vorgarten auf niedrigere Höhe gekürzt wird, ebenso Änderungen in der Bepflanzung (AG Hamburg WuM 95, 652). Ein Mangel entsteht aber, wenn der Vermieter sich weigert, Bäume durch Beschneiden auf dem ursprünglichen Stand zu halten (AG Charlottenburg WuM 2007, 616);
- Schatteneinfall durch große Bäume (LG Berlin MDR 2001, 266).

Erhebliche Mängel/Berechtigte Mietminderung:

- wenn der Garten als Ablagerungsstätte für Baumaterialien genutzt wird, ist das wegen des Aussehens und der fehlenden und beeinträchtigten Erholungsmöglichkeit ein Mangel (LG Osnabrück WuM 86, 93; LG Darmstadt NJW-RR 89, 1498): 10 % Mietminderung, wenn Garten mitgemietet war (AG Köln, 214 C 83/94);
- Sandkasten in einer neueren Wohnanlage fehlt: 5 % Mietminderung (LG Freiburg ZMR 76, 210).

ELEKTRISCHE ANLAGEN, ELEKTROVERSORGUNG

Die Austattungsstandards einer Wohnung richten sich in erster Linie danach, welche Vereinbarungen Mieter und Vermieter getroffen haben.

Allerdings muss selbst eine nicht modernisierte Altbauwohnung auch ohne besondere Vereinbarung einen Mindeststandard aufwei-
sen (BGH WuM 2010, 235). Dazu gehört eine Stromversorgung, die den
Betrieb der üblichen Haushaltsgeräte ermöglicht. Dabei kann der Mieter
auch erwarten, dass er neben einem Großgerät, wie Waschmaschine
oder Geschirrspüler, gleichzeitig auch einen Staubsauger benutzen kann
(BGH WuM 2004, 527).

02

Zum Mindeststandard gehört es auch, dass das Badezimmer   Mindeststandard
über eine Stromversorgung verfügt, die neben der Beleuch-
tung auch den Betrieb von kleineren elektrischen Geräten, wie
Rasierer, Fön usw., ermöglicht (BGH WuM 2004, 527). Diesen
Mindeststandard kann der Vermieter nur dadurch herunter-
schrauben, dass im Mietvertrag eine eindeutige Vereinbarung
getroffen wird. Eine Klausel, wonach der Mieter nur Haushaltsmaschinen im Rahmen der Kapazität der vorhandenen
Installation aufstellen darf, reicht hierzu nicht aus (BGH WuM
2010, 235).

Wenn die Elektrik des Hauses komplett ausfällt und die Wohnung praktisch nicht genutzt werden kann, kommt eine Mietminderung von 100 Prozent in Betracht.

Funktionieren müssen im Übrigen alle technischen Einrichtungen und Anlagen der Wohnung, angefangen beim Aufzug
über Klingelanlage, Gegensprechanlage, Beleuchtung usw.
(siehe Urteile auch Haustechnik S. 148 f.).

Urteile

Keine Mängel/Mietminderung:
- eine von einer Mobilfunksendeanlage ausgehende Beeinträchtigung durch elektromagnetische Felder ist kein Mangel der Mietsache, solange Grenzwerte der Bundesimmissionsschutzverordnung eingehalten werden. Anders erst,

wenn beispielsweise der Mieter darlegt, dass ein wissenschaftlich begründeter Zweifel an der Richtigkeit der festgelegten Grenzwerte und ein fundierter Verdacht einer Gesundheitsgefährdung besteht (BGH WuM 2004, 217);

- wenn die Stromunterbrechung darauf beruht, dass der Stromversorger des Mieters den Stromzähler ausbaut, weil der Mieter Zahlungsrückstände hat (BGH WuM 2011, 97).

Erhebliche Mängel/Berechtigte Mietminderung:

- Elektrik (Warmwasseranlage, Licht, Kochgelegenheit) fällt wegen eines Kabelbrandes komplett aus: 100 % Mietminderung (AG Neukölln MM 88, 151); .
- Ausfall des Personenaufzugs, je nach Geschoss; fünfter Stock: 7,5 % Mietminderung (AG Bremen WuM 87, 383);
- Zugang zum Stromzähler wird behindert: 1 % Mietminderung (LG Berlin GE 2009, 979).

HEIZUNG

Grundsätzlich ist der Vermieter für die Beheizung der Wohnung verantwortlich. Funktionieren Heizung oder Öfen nicht richtig, liegt ein Mangel vor, der zur Mietminderung berechtigt (siehe auch LG Köln WuM 80, 137; AG Friedberg WuM 80, 259: Der Ausfall einzelner Heizkörper ist ein Mangel).

Keine Rolle spielt es, ob mit Öl, Gas oder Fernwärme geheizt wird. Lediglich wenn der Mieter direkt einen Vertrag mit dem Fernwärmelieferanten geschlossen hat, kann er bei mangelhafter Fernwärmelieferung nicht die Miete kürzen, sondern muss sich an das Versorgungsunternehmen halten.

Heizperiode

Normalerweise wird die Heizung nicht das ganze Jahr hindurch betrieben. In vielen Mietverträgen ist deshalb eine sogenannte Heizperiode festgelegt. Während dieser Zeit ist der Vermieter in jedem Fall verpflichtet, zu heizen. Üblicherweise erstreckt sich eine Heizperiode auf den Zeitraum vom 1. Oktober bis zum 30. April. Vielfach wird in Mietverträgen mittlerweile aber als Heizperiode auch die Zeit vom 15. September bis 15. Mai bestimmt.

Während der Heizperiode muss der Vermieter die Heizungsanlage so einstellen, dass eine bestimmte Mindesttemperatur erreicht wird. Heute wird eine Temperatur zwischen 20 und 22 Grad Celsius als ausreichend angesehen (LG Berlin NZM 1999, 1039; LG Berlin MM 1993, 135). Allgemein empfohlen werden als „gesund" bzw. als „ausreichend" tagsüber folgende Temperaturen:

02

- Wohnzimmer: 21 Grad
- Ess- und Kinderzimmer: 20 Grad
- Küche und Schlafzimmer: 18 Grad
- Badezimmer: 23 Grad
- Diele: 15 Grad

Der Vermieter muss aber nicht rund um die Uhr eine Temperatur zwischen 20 und 22 Grad Celsius zur Verfügung stellen. Ausreichend ist es, wenn die Räume von 6 bis 23 bzw. 24 Uhr (AG Hamburg WuM 1996, 469) diese Mindesttemperaturen haben. Nachts, das heißt zwischen 23 und 6 Uhr, reichen nach der Nachtabsenkung 18 Grad Celsius aus (LG Berlin NZM 1999, 139).

Nachtabsenkung

Soweit in Mietverträgen Fragen der Mindesttemperatur geregelt werden, sind diese Vertragsklauseln oft unwirksam. Das Landgericht Berlin (GE 1989, 149) entschied zwar, eine Zimmertemperatur von 18 Grad Celsius in der Zeit zwischen 9 und 21 Uhr sei ausreichend und, soweit im Mietvertrag vorgegeben, auch vertragsgemäß. Dem widersprechen aber andere Urteile, zum Beispiel auch aus Berlin. Eine Beschränkung der Zimmertemperatur auf nur 18 Grad Celsius sei unwirksam, hierdurch werde die Erreichung des Vertragszwecks (Wohnen) gefährdet (LG Berlin GE 1991, 573; LG Göttingen WuM 1989, 366; LG Köln WuM 1980, 17).

Bei einem völligen Heizungsausfall im Winter kann die Miete zwischen 50 und 100 Prozent gemindert werden. Außerdem steht dem Mieter das Recht zur fristlosen Kündigung zu. Dabei spielt es keine Rolle, warum es zum Ausfall der Heizung gekommen ist, auch wenn der Heizungsausfall durch einen Defekt in der Energiezufuhr verursacht wurde, der Energielieferant verantwortlich war, hier die Gaswerke vor Ort (OLG Dresden WuM 2002, 541).

Heizpflicht

Eine Heizpflicht besteht für den Vermieter aber nicht nur innerhalb der Heizperiode. Auch im Frühling oder Herbst, sogar im Sommer gilt: Frieren muss der Mieter in seiner Wohnung nicht. Er hat das Recht auf eine bewohnbare, also warme Wohnung. Das bedeutet, dass der Vermieter auch bei einem Kälteeinbruch im Sommer genauso wie während der Heizperiode heizen muss.

Bei einem Kälteeinbruch außerhalb der Heizperiode muss der Vermieter heizen (LG Kaiserslautern WuM 81 U 13; LG Berlin GE 78, 286). Hingegen muss der Mieter wenige kältere Tage außerhalb der Heizperiode hinnehmen oder mit einem Elektroöfchen zuheizen (LG Kassel WuM 64, 71).

Spätestens wenn die Außentemperaturen drei Tage weniger als 12 Grad Celsius betragen, muss der Vermieter die Heizung einschalten. Das Gleiche gilt, wenn die Zimmertemperaturen unter 18 Grad Celsius sinken. Fällt die Temperatur in der Wohnung sogar unter 16 Grad Celsius, muss die Heizung sofort in Betrieb genommen werden, sonst drohen Gesundheitsschäden.

Fällt die Heizung bei minus 20 Grad Celsius wiederholt wegen Ölmangels aus, kann der Mieter fristlos kündigen (AG Waldbröl WuM 86, 337).

02

In diesen Fällen darf sich der Vermieter auch nicht auf eine Regelung im Mietvertrag berufen, wonach bei kühleren Temperaturen erst nach einer bestimmten Wartezeit die Heizung wieder hochgefahren wird. Da die Mieter im Haus letztlich die gesamten Heizkosten zahlen, macht es aus Vermietersicht auch keinen Sinn, sich bei der notwendigen Beheizung zu sperren.

Tipp

Der Vermieter kann sich bei der Frage, ob im Sommer an kühlen Tagen geheizt werden soll, nicht nach der Mehrheit der Mieter des Hauses richten. Eine Vertragsklausel, die das vorsieht, ist unwirksam (AG Köln WuM 1986, 136).

Nicht nur Heizungsausfall oder zu niedrige Zimmertemperaturen sind Wohnungsmängel. Auch „gegen den Willen des Mieters" überheizte Räume, nicht abstellbare Heizkörper oder unwirtschaftlich arbeitende Heizungsanlagen können Mängel sein. Das ist beispielsweise der Fall, wenn die Leistung des Heizkessels aufgrund einer „Überdimensionierung" viel zu hoch ist und die Anlage daher zu viel Brennstoff verbraucht. Wird hier unnütz Energie verpulvert, kann der Mieter die Miete kürzen (OLG Düsseldorf WuM 1984, 54). Aber allein aus der Tatsache, dass Mieter hohe Heizkosten zahlen müssen, folgt noch nicht, dass die Heizungsanlage mangelhaft ist. Die hohen Heizkosten müssen auf einem Fehler der Heizungsanlage beruhen, damit eine Mietminderung in Betracht kommt (OLG Düsseldorf GE 2011, 132). Der Vermieter ist nicht verpflichtet, eine ältere Heizung gegen eine moderne Anlage auszutauschen, er muss die Heizung nicht immer auf den jeweils neuesten technischen Standard und auch nicht auf den preiswertesten Brennstoff umstellen (OLG Düsseldorf WuM 1986, 16).

Anders aber, wenn die Heizungsanlage aufgrund technischer Überalterung nur noch extrem unwirtschaftlich arbeitet. Dann soll ein Mangel vorliegen, so das Landgericht Berlin (MM 1996, 125). Diese Unwirtschaftlichkeit kann darauf beruhen,

Unwirtschaftlichkeit

Betriebskosten

dass die Anlage bedienungsintensiv ist und vergleichsweise hohe Kosten entstehen. Hier ging es um eine zentrale Anlage zur Warmwasserversorgung aus den 30er Jahren. Für die Mieter entstanden Anfang der 90er Jahre Kosten von bis zu 2,50 DM pro Quadratmeter und Monat. Zum Vergleich: Durchschnittlich dürften heute etwa 0,25 Euro pro Quadratmeter und Monat in Deutschland an Warmwasserkosten bezahlt werden (vgl. Betriebskostenspiegel Deutscher Mieterbund).

Die Heizungsanlage muss so eingestellt sein, dass eine Temperatur zwischen 20° und 22° Celsius erreicht werden kann (OVG Berlin WuM 81, 68; OLG München WuM 59, 74; LG Köln WuM 80, 17; LG Hamburg WuM 80, 126; LG Mannheim ZMR 62, 313; AG Calw WuM 77, 226).

Der Vermieter ist für das ordnungsgemäße Funktionieren der Heizung verantwortlich (OLG Dresden WuM 2002, 541; OLG Frankfurt WuM 72, 42; LG Düsseldorf WuM 73, 187; LG Berlin WuM 72, 191; LG Düsseldorf ZMR 54, 273).

Auch wenn sich der Heizkörper nicht abstellen lässt, liegt ein Mangel vor (LG Berlin GE 81, 673).

Keine Mängel/Mietminderung:
- bei einem sehr kurzen Heizungsausfall und bei vorübergehend geringfügiger Unterschreitung der erforderlichen Temperaturen (1° Celsius) liegt kein Mangel bzw. nur eine unerhebliche Beeinträchtigung vor (BGH WuM 2004, 531);
- keine Mietminderung bei Unterbeheizung von 1° Celsius, 19° statt 20° Celsius (LG Hamburg WuM 80, 126).

Erhebliche Mängel/Berechtigte Mietminderung:
- mangelhafte Heizung oder ungenügende Beheizung bei einer Raumtemperatur von:
  - 17 bis 18° Celsius: 13 % Mietminderung (AG Berlin-Schöneberg MM 81, 51;

- 15° Celsius: 15 % Mietminderung (AG Berlin-Schöneberg 2 C 454/85); 25 % Mietminderung (AG Berlin-Neukölln 10 C 557/84); 30 % Mietminderung (LG Düsseldorf WuM 73, 187; LG München I 20 S 3739/84);
- 18° Celsius im Kinder- und Schlafzimmer: 20 % Mietminderung (AG Oldenburg 19 C 559/77 VII);
- unter 20° Celsius an Winterabenden: 20 % Mietminderung (AG Bad Segeberg WuM 77, 227);
- 16 bis 18° Celsius: 20 % Mietminderung (AG Köln WuM 78, 189); im Winter: 30 % Mietminderung (AG Görlitz WuM 98, 180);
- 14 bis 15° Celsius im Winter und Ausfall des Warmwassers: 70 % Mietminderung (AG Görlitz WuM 98, 315); 50 % Mietminderung (LG Bonn WuM 82, 170);
- bei Unterbeheizung (16° bis 18° statt 20° Celsius): 17 % Mietminderung (LG Hamburg WuM 61, 38);
- Heizungsausfall in der gesamten Wohnung: 5 % Mietminderung (LG Berlin MM 9/83, 16; AG Berlin-Tempelhof-Kreuzberg GE 85, 1033); 25 % Mietminderung (AG Waldbröl WuM 80, 206);
- bei einem Heizungsausfall im Schlafzimmer im Februar: 20 % Mietminderung (LG Hannover WuM 80, 130);
- Heizungsausfall außerhalb der Wintermonate: 50 % Mietminderung (LG Hamburg WuM 76, 10); keine Minderung (LG Wiesbaden WuM 90, 71);
- Heizungsausfall während des Sommers und Außentemperaturen von 13 bis 17,5° Celsius: 50 % Mietminderung (AG Waldbröl WuM 81, U 8);
- bei Heizungsausfall während der Wintermonate: 100 % Mietminderung (LG Hamburg WuM 76, 10; LG Berlin WuM 93, 185); 75 % Mietminderung (LG Berlin GE 93, 263);
- fehlende Heizungsmöglichkeit in der Küche: 20 % Mietminderung (VG Berlin GE 83, 767);
- wenn der Heizkessel wegen Mängeln am Schornstein schlechten Zug aufweist und qualmt: 10 % Mietminderung (AG Rendsburg WuM 75, 22);

02

- wenn der offene Kamin im Wohnzimmer nicht beheizt werden kann: 5 % Mietminderung in den Monaten Oktober bis Mai (LG Karlsruhe WuM 87, 382);
- übermäßige Wärmeemission aus Heizraum unter der Wohnung: 10 % Mietminderung (LG Hamburg ZMR 2009, 532);

Wärmeverluste

- Wärmeverluste von mindestens 25 % wegen mangelhafter Wärmeisolierung berechtigen zur Kürzung der Heizkosten um 25 % (AG Bensheim WuM 87, 315);
- bei Klopfgeräuschen in der Zentralheizung: 17 % Mietminderung (LG Darmstadt WuM 80, 52);
- deutliche, relativ laute Knackgeräusche der Heizung: 10 % Mietminderung (LG Hannover WuM 94, 463);
- bei Rauschen und Knacken in der Heizung: 10 % Mietminderung (AG Hamburg WuM 87, 271);
- Zugluft in der Wohnung wegen fehlerhaft installierter Gasetagenheizung: 10 % Mietminderung (AG Rüsselsheim DWW 91, 147).

WARMWASSER

Auch für die Warmwasserversorgung ist der Vermieter verantwortlich, das gilt sowohl bei einer zentralen Warmwasserversorgung etwa über die Heizungsanlage als auch bei dezentraler Warmwasserversorgung. Hier muss der Vermieter dafür sorgen, dass Thermen oder Durchlauferhitzer funktionieren.

So hat der Bundesgerichtshof entschieden, dass die Warmwasserversorgung „rund um die Uhr" zur Gebrauchstauglichkeit einer Mietwohnung gehöre (BGH WuM 2004, 531).

Mindesttemperatur

Fällt die Warmwasserversorgung aus beziehungsweise wird sie unterbrochen oder funktioniert diese nur fehlerhaft, können Mieter wegen dieses Mangels entsprechende Gewährleistungsrechte geltend machen. Nach einer Entscheidung des Landgerichts Hamburg (WuM 1978, 242) ist eine Mindestwarmwassertemperatur zwischen 40 und 50 Grad Celsius ausreichend. Sinkt die Temperatur des Warmwassers – egal, ob tagsüber oder nachts – unter 40 Grad Celsius, so liegt nach einem Urteil des Landgerichts Berlin (NZM 1999, 1039) ein Mangel vor, der Mieter kann die Miete um 7,5 Prozent kürzen (AG Köln WuM 1996, 701).

02

Üblich ist, dass dem Mieter fließendes Warmwasser in der Küche und im Bad spätestens nach zehn Sekunden – höchstens fünf Liter Wasserverbrauch – mit einer Temperatur von 45 Grad Celsius zur Verfügung steht. Muss der Mieter fünfeinhalb Minuten warten, bis das Wasser in der Küche eine Temperatur von 40 Grad Celsius erreicht und fünf Minuten warten, bis das Wasser im Bad eine Temperatur von 39 Grad Celsius erreicht, kann die Miete um zehn Prozent gemindert werden, weil der Mieter „sinnlos Wasser verbraucht" (AG Schöneberg MM 1996, 401). 36,5 Grad Celsius warmes Wasser sei zum Beispiel nur zum Putzen geeignet, nicht aber, um beim Duschen und Baden ein angenehmes Gefühl zu gewährleisten.

Wartezeit

Urteile

Erhebliche Mängel/Berechtigte Mietminderung:
- der Durchlauferhitzer schafft es nicht, so viel Wasser zu erwärmen, dass eine Person duschen und gleichzeitig eine andere spülen kann: 3 % Mietminderung (AG Köln GE 2008, 1567);
- Ausfall des Warmwasserboilers im Bad: 15 % Mietminderung (AG München NJW-RR 91, 845);
- eine Warmwassertemperatur von 55° Celsius wird erst nach Durchfluss von 15 Litern (statt nach drei Litern) Kaltwasser erreicht: 3,5 % Mietminderung (LG Berlin MM 2008, 298);
- bei fehlender Warmwasserversorgung: 10 % Mietminderung (LG Berlin WuM 55, 134; AG Münster WuM 81, U 22);

- entfällt die Warmwasserversorgung und wird dem Mieter der Keller abgenommen: 30 % Mietminderung (AG Darmstadt WuM 83, 151);
- eingeschränkte Wasserversorgung: 8 % Mietminderung (AG Charlottenburg GE 2010, 129);
- ständiger Ausfall der Heizung und Warmwasserversorgung, Mieter muss mit Hilfe des Notschalters Heizung in den frühen Morgenstunden einschalten, damit er warmes Wasser zum Duschen erhält: 10 % Mietminderung (LG Heidelberg WuM 1997, 42).

ENERGETISCHER ZUSTAND, WÄRME-DÄMMUNG, WÄRMESCHUTZ

Die Energieeinsparverordnung legt Mindestanforderungen für die energetische Qualität von Gebäuden fest. Ziel ist der sogenannte Niedrigenergiestandard. Wohnhäuser müssen dabei einen baulichen Mindestwärmeschutz einhalten. Die Energieeinsparverordnung macht auch Vorgaben zur Heizungs- und Raumlufttechnik sowie zur Warmwasserversorgung. Die Verordnung gilt zwar im Wesentlichen für neu zu errichtende Häuser, legt aber auch für ältere Bauten einzelne Pflichten fest. Bei größeren Instandsetzungs- oder Modernisierungsarbeiten, zum Beispiel wenn der Vermieter an der Hausfassade eine neue Isolierung anbringt, müssen deshalb die Anforderungen der aktuellen Energieeinsparverordnung beachtet werden. Außerdem müssen Heizkessel, die vor dem 1. Januar 1978 in Betrieb genommen worden sind, grundsätzlich erneuert werden. Auch ungedämmte Rohrleitungen und Armaturen von Heizungsanlagen, vor Oktober 1978 eingesetzt, sowie ungedämmte, nicht begehbare, aber zugängliche oberste Geschossdecken müssen gedämmt werden.

Während Mieter den energetischen Zustand gemäß der Energieeinsparverordnung sowohl bei Neubauwohnungen wie bei umfassend sanierten Bestandsimmobilien als vertragsgemäß

Energieeinsparverordnung

voraussetzen können, liegt bei älteren Gebäuden nicht automatisch ein Gewährleistungsmangel vor, wenn diese Vorgaben nicht erfüllt sind.

Aber auch bei solchen Altbauten müssen Mieter sich nicht mit allen Unzulänglichkeiten bei Isolierungen und Dämmungen abfinden. Nach Ansicht des Landgerichts Waldshut-Tiengen (WuM 1991, 479) liegt ein Mangel vor, wenn schon die beim Bau der Wohnung geltenden Regeln der Technik nicht eingehalten worden sind. Doch selbst wenn diese erfüllt waren, stellt die ungenügende Wärmedämmung einer Altbauwohnung einen Mangel dar, wenn diese mit wirtschaftlich vertretbarem Aufwand verbessert werden kann.

Problem Dachgeschosswohnung: Wohnungen im Dachgeschoss beziehungsweise Wohnungen mit vielen Außenwänden benötigen grundsätzlich mehr Heizenergie als gut gelegene Innenwohnungen. Nach Ansicht des Amtsgerichts Steinfurt (WuM 1983, 235) ist aber allein die Außenlage einer Wohnung noch kein Mangel, selbst wenn dadurch höhere Heizkosten anfielen (LG Hamburg WuM 1988, 350). Bei Dachwohnungen ist allgemein mit 20 Prozent Wärmeverlust zu rechnen. Deutlich höhere Wärmeverluste aber, zum Beispiel 80 Prozent wegen mangelhafter Dachisolierung, können nach Ansicht des Landgerichts Frankfurt (WuM 1987, 119) zu einem Abzug von der Heizkostenabrechnung führen. Genauso, wenn unisolierte Heizungsrohre oder schadhafte Isolierung zu hohen Wärmeverlusten führen.

Ob aufgrund übermäßiger Sonneneinstrahlung beziehungsweise durch unzureichende Wärmeisolierung überhitzte Räume im Sommer ebenfalls Mängel sein können, haben inzwischen für Büros und Gewerberäume zahlreiche Gerichte bejaht. Für Mietwohnungen hat das Amtsgericht Hamburg (WuM 2006, 609) bestätigt, dass sommerliche Temperaturen deutlich oberhalb der Wohlbefindlichkeitsschwelle einen

Vorsicht 02

Wer eine Wohnung in einem vor 30 oder 40 Jahren gebauten Haus anmietet, kann keine heutigen Maßstäben genügende Wärmedämmung verlangen. Es sei denn, beim Vertragsabschluss hätten Mieter und Vermieter eine entsprechende Vereinbarung getroffen.

Baulicher Wärmeschutz

Mangel darstellen, wenn sie unter anderem auf unzureichenden baulichen Wärmeschutz zurückzuführen sind. Hier hatten die Mieter einer teuren Neubauwohnung dargelegt, dass bei Sonnenschein deutlich höhere Innen- als Außentemperaturen vorherrschten, tagsüber mehr als 30 Grad Celsius und auch nachts noch über 25 Grad Celsius, selbst nach stundenlangem Lüften. Der Mieter einer Berliner Dachgeschosswohnung konnte fristlos kündigen (VerfGH Berlin 40/06). In seiner Wohnung war es 46 Grad Celsius heiß, die Wachskerzen schmolzen, die Pflanzen gingen ein und der Wellensittich bekam einen Hitzschlag.

Urteile

Erhebliche Mängel/Berechtigte Mietminderung:
- bei Bodenkälte wegen fehlender Isolierung und bei fehlender Querlüftungsmöglichkeit: 30 % Mietminderung (LG Münster WuM 63, 186);
- übermäßige Wärmeemission aus Heizraum unter der Wohnung: 10 % Mietminderung (LG Hamburg ZMR 2009, 532);
- Wärmeverluste von mindestens 25 % wegen mangelhafter Wärmeisolierung berechtigen zur Kürzung der Heizkosten um 25 % (AG Bensheim WuM 87, 315);
- Temperaturen von weit über 26° Celsius in Sommermonaten: 20 % Mietminderung (AG Hamburg WuM 2006, 609).

UNGEZIEFER

Der Vermieter muss das Haus bzw. die Wohnung frei von Ungeziefer halten. Ungeziefer, das der Mieter nicht selbst „eingeschleppt" und damit zu vertreten hat, ist ein Mangel der Mietsache. Halten also Silberfische, Schaben, Motten, Mäuse, Ratten, Kakerlaken, Kugelkäfer, Kellerasseln, Khapra-Käfer oder Katzenflöhe Einzug, berechtigt das zur Mietminderung.

Katzenflöhe in der Wohnung – möglicherweise zurückgehend auf die Vormieter – sind ein Mangel der Mietsache und berechtigen den Mieter zur fristlosen Kündigung (AG Bremen NZM 1998, 717).

02

Vertragsklauseln, wonach der Mieter generell die Wohnung ungezieferfrei zu halten hat, sind unwirksam (AG Bonn WuM 1986, 113). Handelt es sich um Vorratsschädlinge, müssen die Mieter nachweisen, dass sie den Ungezieferbefall nicht zu vertreten haben, wenn alles gegen bauseitige Ursachen spricht (LG Hamburg GE 2001, 61).

Urteile

Keine Mängel/Mietminderung:

- einzelne Ameisen in der Wohnung, auch nicht, wenn behauptet wird, es handele sich um „Späher-Ameisen" (AG Köln WuM 99, 363);
- vereinzelt und zeitweise treten Silberfische auf, das berechtigt nicht zur Mietminderung (LG Lüneburg WuM 98, 570);
- bei Parterrewohnungen mit Garten gehören Spinnen zu den unvermeidlichen Gegebenheiten, kein erheblicher Mangel der Mietsache (AG Köln WuM 93, 670).

Erhebliche Mängel/Berechtigte Mietminderung:

- ständige Durchfeuchtung der Außenwände und Rattenbefall im Umfeld, sodass die Wohnung keinen Wohnwert mehr hat: 100 % Mietminderung (AG Potsdam WuM 95, 534);
- erheblicher Befall der Mietwohnung durch Kellerasseln berechtigt den Mieter unter Umständen zur fristlosen Kündigung (LG Saarbrücken WuM 91, 91);

- mittelstarker Befall mit Kugelkäfern (zusammen mit einem Schimmelpilzstreifen im Kinderzimmer): 50 % Mietminderung (AG Trier WuM 2008, 665);
- Mäuse und Kakerlaken über Monate in einer Wohnung: 10 % Mietminderung (AG Bonn WuM 86, 113; AG Rendsburg WuM 89, 284);
- wenn die Wohnung von einer erheblichen Zahl von Mäusen befallen ist: 100 % Mietminderung (AG Brandenburg WuM 2001, 605; anders: bei einer ganz erheblichen Mäuseplage kann die Miete nicht vollständig gemindert werden, höchstens 20 % (AG Frankfurt 33 C 3260/11-93);
- ist die Wohnung erheblich von Motten befallen: 25 % Mietminderung (AG Bremen WuM 2002, 215);
- Schabenbefall: 10 % Mietminderung (LG Berlin GE 98, 681);
- Silberfische (20 bis 25) in der Wohnung: 20 % Mietminderung (AG Lahnstein WuM 88, 55);
- ganz erheblicher Ungezieferbefall in der Wohnung (Khapra-Käfer) und fehlerhafte Ungezieferbekämpfung mit gesundheitsgefährdenden Chemikalien): 100 % Mietminderung (AG Aachen WuM 99, 457).

FEUCHTIGKEITSSCHÄDEN, SCHIMMELPILZ, FOGGING

Feuchtigkeitsschäden und Schimmelpilz in der Wohnung gehören zu den häufigsten Wohnungsmängeln. Gut zwei Millionen Wohnungen in Deutschland sind nach Expertenschätzungen mit Schimmel befallen, und etwa 14 Prozent der Deutschen wohnen nach eigener Einschätzung in Wohnungen oder Häusern mit Feuchtigkeitsschäden.

Wohnbeeinträchtigung

Feuchte Wände und Schimmelflecken sind immer Mängel der Mietsache (OLG Celle WuM 1985, 9), sie beeinträchtigen das Wohlbefinden der Bewohner und sind gesundheitsschädlich. Der Vermieter ist verpflichtet, diese Mängel sowie Feuchtigkeitsschäden zu beheben. Je nach Ausmaß der Beeinträchtigung kann der Mieter nicht nur deren Beseitigung fordern, sondern auch die Miete kürzen. Allerdings gibt es eine Ausnahme von diesem Grundsatz: Hat der Mieter die Feuchtigkeitsschäden selbst verursacht, hat er sie also durch falsches Wohnverhalten selbst zu vertreten, kann er nicht mindern.

02

Will der Vermieter Mieteransprüche wegen Feuchtigkeitsschäden abwehren, muss er beweisen, dass die Mängel nicht auf „bauseitigen Ursachen" beruhen (LG Hamburg WuM 2010, 28).

Für Feuchtigkeitsschäden gibt es oft mehrere Gründe: So können Schäden am Haus oder Baumängel möglicherweise durch falsches Heiz- und Lüftungsverhalten des Mieters verstärkt werden. Steht fest, dass die Feuchtigkeitsschäden zum Teil auf Baumängeln, zum Teil auf unzureichendem Heizen und Lüften beruhen, muss dieses Mitverschulden des Mieters bei der Bemessung der Minderungsquote berücksichtigt werden (LG Berlin GE 2009, 1125).

Mitverschulden

Ein Mitverschulden scheidet jedoch aus, wenn der Mieter Schäden durch sein Wohnverhalten gar nicht vorhersehen und daher auch nicht vermeiden konnte, zum Beispiel weil der Vermieter nicht darüber aufgeklärt hat, dass ein besonderes Heiz- und Lüftungsverhalten notwendig ist (LG Frankfurt/Oder ZMR 2011, 125).

Kann ein Schimmelbefall aufgrund eines bauphysikalischen Mangels – Styropor-Wärmedämmung auf der Innenseite der Wand mit der Wirkung einer Dampfsperre – nur verhindert werden, wenn Schränke im Wandabstand von zehn Zentimetern und mehr gestellt werden, muss der Vermieter hierauf ausdrücklich hinweisen, wenn er sich nicht schadenersatzpflichtig machen will (LG Münster WuM 2011, 359).

Feuchtigkeit von außen

Eine Ursache für auftretende Feuchtigkeitsschäden können Baumängel sein. Kommt die Feuchtigkeit von außen, zum Beispiel durch undichte Stellen im Mauerwerk oder Dach, oder gibt es versteckte Wasserrohrbrüche, muss der Vermieter die Schäden reparieren lassen und der Mieter kann die Miete kürzen. Anzeichen für von außen kommende Feuchtigkeitsschäden sind:

* Feuchtigkeit tritt immer bei starkem Regenfall auf;
* große Wasserschäden treten kurzfristig auf;
* Feuchtigkeit bildet sich nur im unteren Drittel der Wand, das könnte für eine unzureichende Isolierung zum Boden hin, einen undichten Terrassen- oder Balkonanschluss sprechen;
* vereinzelte Wasserflecken an der Decke oder Wand, diese könnten auf einsickernder Feuchtigkeit beruhen.

Feuchtigkeit von innen

Viel problematischer ist es, wenn die Feuchtigkeit „von innen" kommt, wenn Kondenswasserbildung an den Wänden der Wohnung – Oberflächentauwasser oder Schwitzwasser – entsteht. Hier streiten Mieter und Vermieter regelmäßig über die Frage, ob eine Mietminderung berechtigt ist oder nicht. Denn Feuchtigkeitsschäden durch Kondenswasserbildung können sowohl auf Bauschäden als auch auf falsches Heiz- und Lüftungsverhalten der Mieter zurückzuführen sein.

Anzeichen für Feuchtigkeitsschäden aufgrund von Kondenswasserbildung sind:

* Es handelt sich um ein älteres und schlecht isoliertes Mietshaus.
* Die Schäden treten an den Außenwänden auf, in Zimmerecken, vor allem zur Decke hin, in Fensterlaibungen oder hinter Möbeln, Vorhängen und Bildern.
* Feuchtigkeitsschäden kommen vor allem im Schlafzimmer, Bad, Küche oder wenig beheizten Räumen vor.

- Die Feuchtigkeitsschäden entstehen vor allem im Herbst und Frühjahr, mitunter auch im Winter.

- Die Schäden treten erstmals auf, nachdem neue Isolierglasfenster eingebaut oder die Fenster mit zusätzlichen Dichtungsstreifen abgedichtet wurden oder nachdem sich die Nutzung der Räume geändert hat.

02

Werden solche Feuchtigkeitsschäden beim Vermieter bemängelt, wird regelmäßig das Argument vorgebracht, der Mieter heize und lüfte zu wenig und sei deshalb selbst dafür verantwortlich. Hintergrund: Durch normales Wohnen, zum Beispiel durch Kochen, Duschen, Baden, Wäsche trocknen usw., wird viel Feuchtigkeit in der Wohnung produziert. Diese Feuchtigkeit wird in Form von Wasserdampf in die Raumluft abgegeben. Zusammengerechnet können je nach Wohnungsgröße und Anzahl der Bewohner durchaus 20 bis 30 Liter Wasser pro Tag zusammenkommen. Die Luft kann aber nur eine bestimmte Menge Feuchtigkeit oder Wasser aufnehmen.

Kann die Raumluft keine Feuchtigkeit mehr aufnehmen, schlägt sich diese an den kältesten Stellen im Zimmer nieder. Das sind zum Beispiel Fenster, Nischen oder Außenwände. Hier können dann Feuchtigkeitsschäden entstehen, wenn der Mieter zu wenig lüftet und/oder weil Wände, Nischen oder Ecken der Wohnung zu kalt sind. Ursache hierfür ist entweder falsches Heizverhalten des Mieters oder aber eine mangelhafte Isolation des Hauses nach außen.

Obwohl der Mieter richtig heizt, kommt es bei einem schlecht wärmegedämmten Haus immer wieder zu Feuchtigkeitsschäden. Es liegt ein Baumangel vor. Häufig entstehen durch Isolationsmängel sogenannte „Wärmebrücken". Das sind dann die kältesten Stellen im Raum, meistens in unmittelbarer Nähe der Fenster. Solche Wärmebrücken können auch vorhanden sein, wenn der Bau des Hauses nach den gültigen DIN-Normen errichtet und wärmegedämmt wurde (BayObLG WuM

Tipp

Je wärmer und je trockener die Raumluft ist, desto mehr Feuchtigkeit kann sie aufnehmen und abspeichern. Deshalb sind Heizen und Lüften so wichtig, damit die vom Heizen warm-feuchte Innenraumluft gegen kältere und damit trockenere Luft von außen ausgetauscht wird.

Wärmebrücken

1989, 657). Der Vermieter kann sich dann bei einem Streit mit seinem Mieter über die Ursachen der Feuchtigkeitsschäden nicht darauf berufen, beim Bau des Hauses seien alle Normen eingehalten worden (OLG Celle WuM 1985, 9; LG Göttingen WuM 1989, 409; LG Flensburg WuM 1991, 582).

Wenn die Wärmedämmung nach einem Austausch der Fenster nicht angepasst wurde, ist dies ein typischer Baumangel. Es gehört aber zum Risikobereich des Vermieters, wenn Feuchtigkeitsschäden auftreten, weil die alten Bauteile (geringe Wärmedämmung) und die neuen Bauteile (dichte Fenster) nicht mehr zusammenpassen (LG Berlin ZMR 2002, 49; LG Lübeck WuM 1990, 202).

Informationspflicht

Wird aufgrund neuer Fenster ein verändertes Heiz- und Lüftungsverhalten des Mieters erforderlich, muss der Vermieter ihn hierauf präzise hinweisen. Geschieht dies nicht, kann dem Mieter kein „falsches" Wohnverhalten vorgeworfen werden (LG München I NJW 2007, 2500; LG Neubrandenburg WuM 2002, 309). Nach dem Einbau neuer Isolierglasfenster sind die Fenster nicht mehr die kälteste Stelle in der Wohnung, sodass sich feuchte Raumluft nicht mehr an diesen Stellen niederschlägt. Hier haben sich die Kältezonen verschoben, die Feuchtigkeit schlägt sich beispielsweise an den Außenwänden, in den Zimmerecken oder neben den Fensterrahmen, da wo die Wand am dünnsten ist, nieder. Hier sind jetzt die kältesten Stellen des Zimmers. Außerdem dichten neue Energiesparfenster die Zimmer hermetisch nach außen ab. Dies hat zur Konsequenz, dass Heizenergie, aber auch die Feuchtigkeit im Zimmer bleiben. Die „Zwangsbelüftung" durch Fensterritzen bzw. nicht dicht schließende alte Fenster entfällt.

Durch vernünftiges Heizen und Lüften kann der Mieter seinerseits aber oft dazu beitragen, dass durch Kondenswasserbildung keine Feuchtigkeitsschäden entstehen. Übertriebenes Sparen von Heizenergie kann nicht nur Feuchtigkeitsschäden fördern, sondern auch Energieverschwendung zur Folge haben. Treten erst einmal Feuchtigkeitsschäden in der Wohnung auf, wird Heizenergie bis zu dreimal so schnell nach außen geleitet. Auf der anderen Seite müssen Mieter Baumängel nicht durch übermäßiges Heizen ausgleichen (LG Braunschweig WuM 1998, 250). Grundsätzlich sollten im Wohnzimmer, Kinderzimmer und in der Küche 20 Grad Celsius, im Bad 21 Grad Celsius, im Schlafzimmer 14 bis 15 Grad Celsius eingehalten werden. Zu beachten ist hier immer, je kühler die Zimmertemperatur, desto öfter muss gelüftet werden. Der Mieter ist aber nicht verpflichtet, nachts das Schlafzimmer zu beheizen (LG Düsseldorf, DWW 1992, 243; LG Zuhohe WuM 1982, 83). Auch in den Wohnräumen selbst braucht der Mieter nur im Rahmen des allgemein Üblichen, das sind 18 bis 20 Grad Celsius, zu heizen. Und natürlich dürfen Mieter während ihrer Abwesenheit die Heizung drosseln (LG Kiel WuM 1982, 187) beziehungsweise während eines Urlaubs auf „Frostschutz" stellen.

02

Gleichzeitig sollte der Mieter auch immer ausreichend lüften. Vorübergehendes Schrägstellen der Fenster (Kipplüftung) genügt nicht. Denn dabei findet kein ausreichender Luftaustausch statt. Das aber ist das Ziel der Lüftung – Austausch der warmen Innenraumluft gegen kühlere, trockene Außenluft. Bei einer „Kipplüftung" gelangt die frische Luft auch regelmäßig nicht bis in alle Ecken des Raumes, insbesondere werden an der Wand stehende Möbelstücke nicht ausreichend hinterlüftet. Deshalb müssen die Fenster täglich ganz geöffnet werden, am besten macht man für kurze Zeit Durchzug. Ob ein drei- bis viermaliges Stoßlüften am Tag ausreicht (LG Hannover WuM 85, 22; AG Bremerhaven WuM 85, 23) oder so häufiges Lüften schon unzumutbar ist (AG Bochum WuM 1985, 25), lässt sich nicht so einfach beantworten. Entscheidend ist, wie viele Bewohner sich in der Wohnung aufhalten, wie lange und wie sie die Wohnung nutzen. Je mehr Feuchtigkeit in der Wohnung produziert wird, desto häufiger

Lüften

muss gelüftet werden. Je größer der Unterschied zwischen Zimmer- und Außentemperatur und je windiger es ist, desto kürzer kann gelüftet werden. Wichtig ist auch, dass Mieter größere Mengen Wasserdampf, beispielsweise nach dem Baden, Duschen oder Kochen, sofort nach außen weglüften.

Möbelabstand

Es gibt keine Verpflichtung für Mieter, größere Möbelstücke zehn Zentimeter oder noch mehr von den Wänden abzurücken bzw. an Außenwänden gar keine Möbel aufzustellen (LG Berlin MM 1987, 290). Es ist nach Ansicht des Landgerichts Mannheim völlig ausreichend, wenn der Mieter wenige Zentimeter Wandabstand einhält (LG Mannheim NJW 2007, 2499).

Auch wenn es richtig ist, große Möbelstücke „etwas" von der Wand zu stellen (LG Lüneburg WuM 1985, 115), werde dieser Abstand regelmäßig bereits durch vorhandene Fuß- oder Scheuerleisten gewährleistet (LG Berlin MM 1987, 290; LG Berlin GE 1988, 1111).

Auch ein massiver Einbauschrank darf an der Außenwand des Schlafzimmers mit einem Abstand von 5,5 bis 6 Zentimeter aufgestellt werden (AG Spandau GE 2011, 209).

Badlüftung

Kann das Badezimmer mangels Fenster gar nicht gelüftet werden, muss der Vermieter eine funktionierende Zwangsentlüftung installieren (LG Bochum WuM 1992, 431). Sind Küche und Bad nicht zu beheizen, weil keine Heizkörper installiert sind, muss der Mieter davon ausgehen, dass sich bei einer üblichen Nutzung der Räume keine Feuchtigkeitsschäden bilden. Andernfalls muss der Vermieter für Abhilfe sorgen und gegebenenfalls Heizkörper einbauen (LG Berlin GE 2010, 1687).

Feuchtigkeit im Keller einer Altbauwohnung hat das Landgericht Mannheim als nicht ungewöhnlich bewertet. Sie stelle aber einen Mangel dar, wenn der Vermieter bei der Anmietung erklärt habe, dass der Keller trocken sei (LG Mannheim WuM 98, 663).

Fogging

Beim Fogging kommt es zu schwarzen, grauen bzw. ölig-schmierigen Staubablagerungen. Warum genau es zu Fogging kommt, lässt sich heute immer noch nicht mit Sicherheit sagen.

02

Zumeist tritt das Phänomen Fogging in der Heizperiode auf, und zwar in Wohnungen, die zuvor renoviert oder in denen größere und kleinere bauliche Eingriffe vorgenommen wurden. Aber auch Neubauwohnungen können betroffen sein. Oft werden bei Bau, Renovierung oder Umbau der Wohnung Produkte eingesetzt, die sogenannte höher siedende organische Verbindungen in die Luft emittieren. Das sind zum Beispiel Bestandteile von Farben, Lacken oder Klebstoffen. Hinzu können weitere Faktoren kommen wie Kältebrücken, schadhafte Isolierungen, durchsottete Schornsteine und Kamine oder auch die Ausstattung der Wohnung selbst, beispielsweise Laminatfußböden, bestimmte Wandfarben, Tapeten oder Teppichböden. Und auch bei „Fogging" spielt es eine Rolle, wie der Raum genutzt wird, wie gelüftet wird und ob etwa ein offener Kamin vorhanden ist.

Ursachen

Grundsätzlich ist der Vermieter verpflichtet, die Foggingschäden zu beseitigen. Und zwar auch dann, wenn die Ursache zwar aus der Mietersphäre stammt, aber auf vertragsgemäßem Gebrauch der Wohnung beruht (BGH WuM 2008, 476).

Schadenersatzansprüche des Mieters wegen Fogging setzen voraus, dass der Mieter ein Verschulden des Vermieters beweist. Anders, wenn feststeht, dass die Ursachen der Schwarzverfärbungen aus dem Einflussbereich des Vermieters stammen (BGH WuM 2006, 147).

Wenn sicher ist, dass der Vermieter für die Ursache des Schadens verantwortlich ist, kann die Miete gemindert und gegebenenfalls Schadenersatz verlangt werden. Das gilt auch, wenn das Wohnverhalten des Mieters zwar Ursache für die Ablagerungen ist, sich dies aber im Rahmen des vertragsgemäßen Gebrauchs der Mietsache bewegt. Hat der Mieter also beispielsweise handelsübliche Teppiche ausgelegt, die Wände mit normalen Farben angestrichen, hat er die negativen Folgen dieses ordnungsgemäßen Verhaltens nicht zu vertreten.

Vermieterrisiko

Das Foggingrisiko ist nicht durch Vertrag auf den Mieter abwälzbar, auch nicht durch Individualvereinbarungen. Es wäre unbillig, den Mieter mit einem Risiko zu belasten, dessen Ursachen nicht eindeutig feststehen. Die Pflicht zur Beseitigung der Foggingschäden kann dem Mieter auch nicht mit Hilfe einer im Übrigen wirksamen Klausel zu Schönheitsreparaturen übertragen werden (LG Duisburg WuM 2003, 494).

Urteile

Erhebliche Mängel/Berechtigte Mietminderung:
- weisen acht Zimmer eines Einfamilienhauses wegen des undichten Daches Feuchtigkeit und Schimmel auf: 20 % Mietminderung (AG Hamburg WuM 79, 103);
- ständige Durchfeuchtung der Außenwände und Rattenbefall im Umfeld, sodass die Wohnung keinen Wohnwert mehr hat: 100 % Mietminderung (AG Potsdam WuM 95, 534);
- Feuchtigkeit im Keller: 10 % Mietminderung (AG Bad Bramstedt WuM 90, 71);
- Feuchtigkeitsschäden in Küche und Wohnbereich: 20 % Mietminderung (LG Berlin GE 2011, 56);
- blinde, durch Feuchtigkeit beschlagene Isolierglasscheibe: 5 % Mietminderung je Fenster (AG Kassel WuM 93, 606);
- Feuchtigkeitsfleck an der Küchendecke: 5 % Mietminderung (LG München I 31 S 17040/84);
- ein ca. 0,7 x 0,8 Quadratmeter großer Feuchtigkeitsfleck, sich ablösender Anstrich und Wasserränder: 10 % Miet-

minderung (LG München I – 14 S 13987/83; AG Lahnstein WuM 77, 227);

- bei erheblichen Feuchtigkeitsschäden und Nässe, Tropfwasser an der Decke und Durchfeuchtung des Teppichbodens: 50 % Mietminderung (AG Leverkusen WuM 80, 163);
- wenn die Feuchtigkeitsschäden zu einer lebensgefährlichen gesundheitlichen Beeinträchtigung führen: 100 % Mietminderung (LG Berlin GE 2009, 845);
- erhebliche Schäden in einer Erdgeschosswohnung durch aus dem Boden aufsteigende Feuchtigkeit: 60 % Mietminderung (AG Bad Vilbel WuM 96, 701);
- wegen Überschwemmungsschäden durch Jahrhundertregen, mit Durchfeuchtung des Teppichbodens, Versandung und unerträglichem Gestank: 80 % Mietminderung (AG Friedberg WuM 84, 198); anderer Auffassung ist das Oberlandesgericht Frankfurt (WuM 84, 78): keine Minderung, sondern Schadenersatz, wenn infolge starker Regenfälle eine Überschwemmung durch einen Kanalrückstau wegen eines fehlerhaften Rückstauventils entsteht. Das OLG Hamm (WuM 88, 349) und das LG Freiburg (WuM 87, 383) gehen aber davon aus, dass ein fehlendes Rückstauventil ein Fehler der Mietsache ist, wenn der Abwassereinlauf im Fußboden eines Mietraumes unterhalb der Rückstauebene liegt;
- wenn aufgrund von Schimmelbildung vor allem optische Beeinträchtigungen vorliegen und wenn der Gebrauchswert der Wohnung durch das Abrücken von Schränken beeinträchtigt wird: 10 % Mietminderung (LG Hamburg WuM 85, 21);
- wegen optischer Beeinträchtigung bei Wasserschäden an der Wohnzimmerdecke und an den Wänden: 25 % Mietminderung (AG Aachen WuM 74, 44);
- dringt die Feuchtigkeit zwischen die Scheiben eines Doppelfensters, sodass diese blind werden: 10 % Mietminderung (LG Darmstadt WuM 1985, 22);

02

Überschwemmung

- bei Schimmelbildung und muffigem Geruch in Bad, Küche und Schlafzimmer, auch wenn die Schäden durch den Mieter mit beeinflusst worden sind: 10 % Mietminderung (LG Hannover WuM 82, 183);
- Schimmelbildung und Verfleckung in zwei Räumen: 25 % Mietminderung (AG Lüdenscheid WuM 2007, 16);
- wenn die Wohnung ständig durchfeuchtet, modrig und von Schimmelpilz befallen ist, sodass der Aufenthalt in Küche, Wohn- und Schlafzimmer nahezu unmöglich wird: 80 % Mietminderung (LG Berlin GE 91, 625);
- erheblicher Schimmelpilzbefall in Wohn-, Schlafzimmer, Bad: 20 % Mietminderung (LG Osnabrück WuM 89, 370).
- Feuchtigkeit und Schimmel im Wohnzimmer: 50 % Mietminderung (LG Hamburg ZMR 2008, 456);
- Schimmelbildung in allen Räumen einer Neubauwohnung: 75 % Mietminderung (LG Köln WuM 2001, 604);

Wasserschäden

- Wasserschäden auf dem Teppichboden und schwarze Flecken: 9 % Mietminderung (AG Münster 28 C 476/96);
- der Einsatz von Trocknungsgeräten macht das Wohnen unzumutbar: 100 % Mietminderung (AG Schöneberg WuM 2008, 477);
- bei Undichtigkeit aller Fenster und damit verbundener ständiger Feuchtigkeit in der Wohnung: 50 % Mietminderung (AG Leverkusen WuM 81, U 9);
- bei Wassereintritt durch undichte Fenster: 5 % Mietminderung (LG Berlin MDR 82, 671);
- bei völliger Durchfeuchtung aufgrund eines Wasserschadens: 100 % Mietminderung (LG Berlin MM 88, 148; GE 89, 149);
- ist das Wohnzimmer unbenutzbar, weil die Decke nach einem Wasserschaden einzustürzen droht: 30 % Mietminderung (AG Bochum WuM 79, 74);
- bei entsprechendem Umfang und hoher Intensität der Schwarzverfärbungen in der Wohnung kann der Mieter wegen drohender Gesundheitsgefahren das Mietverhältnis

fristlos kündigen und die Miete um 14 bis 16 % mindern (AG Ellwangen WuM 2001, 544);

- wegen Rußablagerungen und Schwarzverfärbungen: 40 % Mietminderung möglich (AG Hamburg-Wandsbek GE 2002, 57; AG Düsseldorf WuM 2009, 646);
- Schwarzverfärbungen an Wänden und Gardinen: 10 % Mietminderung (LG Düsseldorf WuM 2011, 416).

02

Neubaufeuchtigkeit

Sind die Wände eines neu gebauten oder eines innen oder außen neu verputzten Hauses vor dem Einzug der Mieter noch nicht genügend ausgetrocknet, spricht man von Neubaufeuchtigkeit. Die Feuchtigkeit ist in aller Regel baustoffbedingt. Erst nach einem längeren Zeitraum trocknet das Gebäude aus. Die ersten Mieter müssen diese Feuchtigkeit also praktisch „weglüften" beziehungsweise „wegheizen". Das notwendige Trockenheizen eines Neubaus führt zu etwa 15 bis 20 Prozent erhöhten Heizkosten.

Trockenheizen

Bei Neubaufeuchtigkeit ist der Mieter grundsätzlich zu einer Mietminderung berechtigt (LG Köln WuM 2001, 604; LG Nürnberg-Fürth WuM 1988, 155), beispielsweise um 10 Prozent (LG Lübeck WuM 1988, 351).

Es gibt keinen Grundsatz, wonach Mieter beim Erstbezug von Neubauten Neubaufeuchtigkeit automatisch in Kauf nehmen müssen beziehungsweise dass hierdurch entstehende Beeinträchtigungen vertragsgemäß sind. Der Mieter kann normalerweise erwarten, dass eine Neubauwohnung erst dann vermietet wird, wenn sie ordnungsgemäß ausgetrocknet ist.

Denkbar ist eine vertragliche Vereinbarung zwischen Mietern und Vermieter, dass die noch bestehende Restfeuchtigkeit im Neubau durch übermäßiges Lüften und Heizen ausgeglichen

Tipp

Gerichte haben auch schon entschieden (siehe Urteilsübersicht unten), dass Mietern kein Minderungsrecht wegen Neubaufeuchte zusteht, sondern haben vielmehr die Möglichkeit eingeräumt, die Heizkosten zu kürzen. Wie viel das sein kann, orientiert sich am zusätzlichen Heizbedarf im Einzelfall.

werden muss. Allgemeine schriftliche Hinweise zum Auftreten von Feuchtigkeitserscheinungen im Neubau reichen nicht aus. Hier bleibt es dabei, dass der Mieter zur Mietminderung oder gegebenenfalls zur fristlosen Kündigung berechtigt ist.

Urteile

Erhebliche Mängel/Berechtigte Mietminderung:

- bei Neubaufeuchtigkeit: 10 % (LG Lübeck WuM 88, 351); 20 % (AG Bad Schwartau WuM 88, 55);
- Schimmelpilzbefall in allen Räumen einer Mietwohnung, sodass bei Erstbezug Schränke nicht aufgestellt werden können: 75 % (LG Köln WuM 2001, 604);
- bei Neubaufeuchtigkeit können die Heizkosten gekürzt werden: 20 % (LG Lübeck WuM 83, 239); 25 % (LG Mannheim WuM 77, 138; AG Köln WuM 85, 371);
- bei kleinen Feuchtigkeitsflecken und Rissen in einer Neubauwohnung: 10 % Mietminderung (LG Hamburg WuM 76, 205);
- der Einsatz von Trocknungsgeräten macht das Wohnen unzumutbar: 100 % Mietminderung (AG Schöneberg WuM 2008, 477).

Wohngifte und Trinkwasser

Grundsätzlich müssen Mietwohnungen so beschaffen sein, dass Gesundheitsgefahren für ihre Bewohner ausgeschlossen sind. Bergen Räume oder Gebäudeteile solche Risiken, kann der Mieter eine entsprechende Sanierung verlangen, unter Umständen Schadenersatz fordern, fristlos kündigen oder die Miete kürzen. Das gilt auch, wenn Immissionen von außen oder Gefahrenquellen aus der Umgebung das Wohnen beeinträchtigen. So kann dem Vermieter untersagt werden, bestimmte Unkrautvernichtungsmittel im Garten und auf Wegen zu verwenden (LG München I WuM 1989, 500). In der Nähe eines·Kinderspielplatzes darf der Vermieter keine giftigen Sträucher anpflanzen, zum Beispiel Heckenkirsche, Goldregenstrauch usw. (LG Braunschweig, NZW-RR 1990, 471).

02

Typische Schadstoffbelastungen, mit denen Mieter in ihrer Wohnung konfrontiert werden können, sind zum Beispiel Blei oder Nitrat im Trinkwasser, giftige chemische Substanzen, die aus Spanplatten und Dämmschäumen (Formaldehyd) sowie aus Holzschutzmitteln (PCP und Lindan) freigesetzt werden oder aus Isolierstoffen (Asbest) oder Farben, Lacken, Klebstoffen sowie Vinyltapeten stammen.

Schadstoffe

Ein Mangel liegt nicht erst dann vor, wenn eine Gesundheitsgefährdung eingetreten ist oder eine konkrete Gefahrenlage besteht. Es reicht die ernst zu nehmende, nicht völlig haltlose Gefahr einer Gesundheitsgefährdung aus (OLG Hamm WuM 1987, 248; KG MM 1988, 247; LG Mannheim WuM 1996, 338; LG Hamburg WuM 1989, 368). Mieter müssen allerdings Anhaltspunkte für konkrete Gefahrenlagen nachweisen (LG Tübingen WuM 1997, 41; LG Kassel ZMR 1996, 90; LG Osnabrück WuM 2003, 267).

Werden Grenz- oder Richtwerte für einzelne Stoffe überschritten, liegt nach Ansicht des Landgerichts Köln (ZMR 1991, 223) immer ein Wohnungsmangel vor. Dabei ist es unerheblich, ob durch die Grenzwertüberschreitung objektiv eine Gesundheitsgefahr begründet wird (LG München I WuM 1991, 584). Lagen bei Vertragsabschluss noch keine Grenzwerte vor oder werden diese im Laufe der Mietzeit verschärft, muss der Vermieter tätig werden. Er muss die neuen Vorgaben und geforderte Richtwerte erreichen (BayObLG WuM 1999, 568).

Grenzwertüberschreitung

Beispiele:

PAK: Kleber mit polyzyklischen Kohlenwasserstoffen (PAK) wurden bis in die 80er Jahre verwendet. Verschiedene PAK-Substanzen sind in Tierversuchen als krebserregend eingestuft worden. Grenzwerte und Richtlinien gibt es für die Substanz Benzoapyren. Das Bundesumweltamt schlägt einen Orientierungswert von höchstens 10 Mikrogramm pro Kubikmeter Luft vor.

Formaldehyd: Die Chemikalie Formaldehyd wird in einer Vielzahl von Produkten verwendet. Sie dünstet zeitlich unbefristet aus und kann bei Mietern zu Kopfschmerzen, Atemreizungen, Schlaflosigkeit, Nervosität und Depressionen führen. Außerdem gilt Formaldehyd als krebserregend.

Für Innenräume gilt laut Bundesgesundheitsamt ein Grenzwert von 0,12 Milligramm pro Kubikmeter Raumluft, das entspricht 0,1 ppm. Wird dieser Grenzwert überschritten, kann der Mieter Gewährleistungsrechte geltend machen, zum Beispiel die Miete mindern oder auch fristlos kündigen (bei entsprechender Formaldehydbelastung kann der Mieter Schadenersatz, hier die Umzugskosten, verlangen, LG Frankfurt WuM 89, 284; AG München VuR 89, 333).

Mieter müssen überhöhte Formaldehydkonzentrationen nicht durch übermäßiges Lüften, den Einbau einer Alufolie (LG München I WuM 1991, 584) oder durch Begasung der Spanplatten (OLG Nürnberg DWW 1992, 143) bekämpfen. Den Grenzwert von 0,1 ppm halten verschiedene Gerichte für zu hoch, sie ziehen die Grenze, ab der die Wohnung zum Wohnen ungeeignet ist (LG Ansbach VuR 1990, 35; OLG Nürnberg DWW 1992, 143), bei 0,025 ppm. Die Weltgesundheitsorganisation geht von einem Grenzwert 0,05 ppm aus (LG Hanau VuR 1991, 127).

Stammen die Formaldehydausdünstungen aus Möbeln des Mieters, etwa einer Einbauküche, muss er seine Gewährleistungsansprüche gegenüber dem Möbelhändler anmelden.

PCP, Lindan: Beim Imprägnieren von Balken und Holzverkleidungen werden Holzschutzmittel wie Lindan, PCP und Dioxine eingesetzt. Soweit diese verwendeten Chemikalien Gesundheitsgefährdungen bzw. -belastungen auslösen, sind Mieter berechtigt, fristlos zu kündigen (LG Lübeck ZMR 1998, 433) oder die Miete zu mindern (AG Euskirchen VuR 1988, 341: PCP-Belastungen zwischen 0,2 und 1,0 Milligramm pro Kubikzentimenter Raumluft in der Mietwohnung berechtigen zur fristlosen Kündigung und Mietminderung).

02

Ab welcher Schadstoffkonzentration von einer Gesundheitsgefährdung auszugehen ist und welche Mieterrechte wann geltend gemacht werden können, wird von den Gerichten im Einzelfall sehr unterschiedlich beurteilt. Allerdings gibt es keinen offiziellen Grenz- oder Richtwert bei diesen Holzschutzmitteln. Letztlich geht es hier (fast) immer um eine Mischbelastung verschiedener Schadstoffe, wie zum Beispiel PCP, Lindan und Dichlorfluanid. Das Amtsgericht Mainz (DWW 1996, 216) geht deshalb davon aus, dass die Wohnung bei einer entsprechend hohen Schadstoffkonzentration in der Raumluft, im Holz und im Staub nicht mehr zu nutzen und deshalb eine hundertprozentige Mietminderung gerechtfertigt ist (siehe auch Oberlandesgericht Nürnberg: bei erhöhten Lindankonzentrationen von 0,08 bis 0,10 Mikrogramm sind Räume zum Wohnen ungeeignet, OLG Nürnberg DWW 92, 143).

Keine offiziellen Grenzwerte

Nur geringfügigste Werte sind als tolerierbar hinzunehmen. Es kann nicht als normal und dem allgemeinen Lebensrisiko entsprechend angesehen werden, unfreiwillig mit Giftstoffen belastet zu werden (AG Bielefeld VuR 1991, 123).

Asbest: Unbedenkliche Konzentrationswerte gibt es nicht, Asbest gilt als krebserregend. Etwa 3.000 Verwendungszwecke für Asbest sind bekannt, zum Beispiel in Fußbodenbelägen, Dichtungsmaterialien, Schall- oder Wärmedämmung. Asbestbelastungen in den Wohnräumen sind grundsätzlich als Fehler der Mietsache anzusehen (LG Mannheim WuM 1996, 338).

Asbestfasern in Trennwänden einer Wohnung sind ein Mangel, den der Vermieter beseitigen muss. Werden keine Asbestfasern freigesetzt und besteht die Wohnwertbeeinträchtigung darin, dass die Wände nicht mechanisch bearbeitet werden dürfen, ist das eine unwesentliche Beeinträchtigung, keine Mietminderung zulässig (LG Berlin GE 2011, 205).

Nachtspeicheröfen

Asbestgefahren in Wohnungen drohen häufig durch Nachtspeicheröfen, die vor 1977 eingebaut worden sind.

Wenn Asbestfasern aus Nachtstromspeicherheizungen freigesetzt werden, kann es zu einer konkreten Gesundheitsgefährdung der Bewohner kommen. Die örtlich zuständigen Baubehörden können dann anordnen, dass der Vermieter Ausmaß und Umfang der Gefahr beziehungsweise die Dringlichkeit der Sanierung durch ein Sachverständigengutachten abklären lässt (OVG Hamburg WuM 1991, 540, OVG Münster WuM 2002, 322).

Nach einem Urteil des Landgerichts Berlin (WuM 1999, 35) haben Mieter grundsätzlich Anspruch auf Austausch eines asbesthaltigen Nachtstromspeicherofens. Soweit heute noch solche Altgeräte im Einsatz sind, schreibt die Energieeinsparverordnung für Wohngebäude mit mindestens sechs Wohneinheiten und über 30 Jahre alten Nachtstromspeicherheizungen jetzt deren Ersatz bis spätestens 2019 durch effizientere und gesundheitlich unbedenkliche Heizsysteme vor.

02

Altlasten: Stehen Häuser auf mit Chemikalien verseuchtem Untergrund oder befinden sich Deponien in unmittelbarer Nähe, können Gesundheitsgefahren drohen und damit ein Mangel der Mietsache vorliegen. Nach einer Entscheidung des Oberlandesgerichts Hamm (WuM 1987, 248) ist die Mietsache nicht erst mangelhaft, wenn der Mieter wirklich Schaden erleidet, sondern schon dann, wenn dauernd vermutet werden muss, dass das Wohnen gesundheitliche Schäden nach sich ziehen könnte. Aber nur wirklich ernst zu nehmende Besorgnis kann die Annahme rechtfertigen, die Wohnung sei mangelhaft. Hysterische Befürchtungen sind hier nicht gemeint. Letztlich muss im Einzelfall geprüft werden, ob es Anlass zu ernsthafter Besorgnis gibt.

Elektrosmog: Ob und inwieweit elektromagnetische Felder gesundheitsschädliche Einflüsse haben, ist wissenschaftlich noch nicht mit absoluter Sicherheit belegt. Seit Ende 1996 gibt es eine Elektrosmogverordnung des Bundesumweltministeriums, die Grenzwerte für Hochfrequenz- und Niederfrequenzanlagen enthält. Werden diese Grenzwerte unterschritten, verneinen die Gerichte grundsätzlich einen Mangel der Mietsache (BGH WuM 2004, 217; BVerfG WuM 2002, 261). Dann können Mieter beispielsweise auch nicht verlangen, dass der Vermieter die Dachfläche seines Hauses nicht für die Errichtung und den Betrieb einer Mobilfunksendeanlage vermietet (BGH WuM 2006, 304).

Tipp

Vor elektromagnetischen Feldern und Elektrosmog können sich Mieter nur durch eine Regelung im Mietvertrag absichern. Hierin kann vereinbart werden, dass der Vermieter zusichert, im oder am Haus keine Mobilfunkantennen zu installieren.

Trinkwasser: Das Wasser im Haus und in der Wohnung muss Trinkwasserqualität haben. Das bedeutet zum Beispiel, dass die Vorgaben der Trinkwasserverordnung eingehalten werden müssen. Vor dem 30. November 2003 war hiernach noch eine Bleikonzentration von 40 Mikrogramm pro Liter zulässig, danach verringerte sich der Wert auf 25 Mikrogramm. Ab dem 1. Dezember 2013 wird der Höchstwert auf 10 Mikrogramm heruntergeschraubt. Wenn schon das ins Haus gelieferte Wasser einen erhöhten Bleigehalt enthält, sind die örtlichen

Versorger, zum Beispiel die Stadtwerke, gefordert, die Leitungsrohre auszutauschen oder gegebenenfalls Schadenersatz zu leisten (LG Bonn MM 1987, 219).

Hausinstallation

Normalerweise sind jedoch alte Hausinstallationen Ursache für erhöhte Bleikonzentrationen im Trinkwasser. Denn bis 1977 durften Leitungsrohre aus Blei verwendet werden, aus denen sich dieser Stoff nun lösen kann. In diesen Fällen ist der Vermieter verpflichtet, den Mangel zu beseitigen. Das heißt, er muss notfalls die alten Bleirohre komplett austauschen, wenn das Trinkwasser übermäßig mit Blei belastet wird (LG Hamburg WuM 91, 161; AG Schöneberg NJW-RR 91, 782).

Überschreitet die Bleikonzentration den Grenzwert der Trinkwasserverordnung regelmäßig, können Mieter auch die Miete mindern.

Bei einer regelmäßigen Bleibelastung über 40 Milligramm pro Liter, Grenzwert bis 2003, besteht ein Mietminderungsrecht (LG Frankfurt WuM 90, 384; LG Hamburg WuM 91, 161; AG Hamburg WuM 92, 11).

Entscheidend ist hier, wie gravierend die Grenzwertüberschreitungen sind und ob das Problem durch kurzes Ablaufenlassen des Wassers praktisch „gelöst" werden kann. Insbesondere wenn das Wasser längere Zeit in der Leitung „gestanden hat", ist die Bleikonzentration besonders hoch. Wird „Bleifreiheit" nach einigen Sekunden Wasser-laufen-lassen erreicht, liegt zumindest kein erheblicher Mangel vor, eine Mietminderung ist ausgeschlossen. Anders, wenn erst 13 Liter Wasser ablaufen müssen oder „Bleifreiheit" erst nach 30 bis 60 Sekunden Ablaufenlassen erreicht wird. Das ist als Mangel anzusehen und eine Mietminderung möglich.

Bei rostverfärbtem Trinkwasser ist nach erfolgloser Abmahnung des Vermieters eine fristlose Kündigung möglich (LG Köln WuM 87, 122).

02

Urteile

Keine Mängel/Mietminderung:

* keine Ansprüche bei einer PCP-Belastung von 4 Mikrogramm pro cbm (LG Mönchengladbach VuR 88, 341);
* keine Mietminderung bei PER-Konzentrationen von weniger als 0,1 mg/cbm Raumluft (LG Hamburg WuM 89, 368);
* Entstehung und Ablagerung eines Biofilms in der Trinkwasserleitung sind kein Mangel der Mietwohnung (LG Münster WuM 2010, 87);
* Leitungen aus Kupferrohr sind auch bei festgestellten drei Milligramm pro Liter Kupfer im Trinkwasser nicht mangelhaft (OLG Hamm NJW-RR 91, 221).

Erhebliche Mängel/Berechtigte Mietminderung:

* Gesundheitsgefahren von asbesthaltigen Elektronachtspeicheröfen: 50 % Mietminderung (LG Dortmund WuM 96, 141);
* überhöhte Formaldehydkonzentration in zwei wichtigen Zimmern (Schlaf- und Kinderzimmer): 56 % Mietminderung und das Recht zur fristlosen Kündigung (AG Köln WuM 87, 120; LG München WuM 91, 584);
* bei einer Formaldehydbelastung zwischen 0,13 und 0,21 ppm: 50 % Mietminderung (AG Mettmann VuR 90, 208);
* bei Formaldehydkonzentrationen von 0,11 und 0,10 beziehungsweise Spitzenwerten von 0,18 und 0,19 ppm: 25 % Mietminderung (AG Säckingen WuM 96, 140);
* bei PCP-Belastungen zwischen 2,4 und 7,2 bzw. Lindanbelastungen zwischen 0,0035 und 0,0051 Mikrogramm pro cbm: 30 % Mietminderung (AG Rheinbach VuR 90, 212);

- PCP-Belastung der Holzdecke rechtfertigt die fristlose Kündigung sowie eine Mietminderung von 100 % (AG Stade WuM 2000, 417);
- bei PCP- und Lindanbelastungen von mehr als 1 Mikrogramm: 50 % Mietminderung (LG Kiel WuM 97, 674);
- bei hoher Schadstoffkonzentration im Holz, im Staub und in der Raumluft: 100 % Mietminderung (AG Mainz DWW 96, 216);
- PAK-Belastung zwingt den Mieter, die Wohnung öfter zu wischen: 15 % Mietminderung (AG Frankfurt NJW-RR 2001, 9);

Blei im Trinkwasser

- Bleibelastung im Trinkwasser zwischen 126 und 176 Mikrogramm/Liter: 10 % Mietminderung (AG Hamburg WuM 90, 383);
- bei überhöhter Bleikonzentration im Trinkwasser kann die Miete um 5 % gemindert werden. Unzumutbar ist es, das Wasser 10 bis 15 Minuten ablaufen zu lassen, das geht höchstens für wenige Sekunden (AG Hamburg-St.Georg 910 C 117/10);
- überhöhter, gesundheitsgefährdender Nitratgehalt des Trinkwassers: 10 % Mietminderung (AG Osnabrück WuM 89, 12); überhöhte Nitratkonzentrationen rechtfertigen eine Mietminderung (LG Köln ZMR 91, 223);
- bei rostigem Leitungswasser: 10 % Mietminderung (AG Köln WuM 82, 226; AG Spandau MM 88, 152);
- braun verfärbtes Trinkwasser mit erhöhtem Eisen- sowie Mangangehalt: 15 % Mietminderung; außerdem Schadenersatz, weil Mieter Aufwendungen für den Kauf von Koch- und Trinkwasser hat (AG Bad Segeberg WuM 98, 280); 20 % Mietminderung (AG Görlitz WuM 98, 180; 315);
- bräunlich verfärbtes Trinkwasser ist allenfalls zur Toilettenspülung geeignet: 10 % Mietminderung (AG Dortmund WuM 90, 425); 5 % Mietminderung (AG Schöneberg MM 96, 401); 20 % Mietminderung (AG Görlitz WuM 98, 315);
- hat das Wasser in der Wohnung keine Trinkwasserqualität: 10 % Mietminderung gerechtfertigt (KG ZMR 2011, 377);

- · wird bei einer Rohrinnensanierung Epoxidharz verwendet, ist das Wasser als Trinkwasser ungeeignet, zur Körperhygiene nur bedingt geeignet: 20 % Mietminderung (AG Köln GE 2011,1564);
- mehr als 2 Milligramm pro Liter Kupfer im Trinkwasser: 5 % Mietminderung (LG Frankfurt/Oder WuM 2010, 447).

02

GERUCHSBELÄSTIGUNGEN

Auch Gestank oder üble Gerüche im Haus, aus Nachbarwohnungen oder aus Gewerbebetrieben in der Nachbarschaft können das Wohnen beeinträchtigen. Dabei spielt es keine Rolle, ob der Gestank durch Chemikalien, Tiere, Menschen oder Anlagen ausgelöst wird.

Ursachen

Biomüllabfalltonnen, die nur zwei Meter von der Hauseingangstür des Mieters stehen, müssen entfernt und so aufgestellt werden, dass es nicht zu Geruchsbelästigungen kommt (LG Osnabrück WuM 97, 431).

Bei starken Geruchsbelästigungen – mehrmals im Jahr – durch eine Kläranlage ist eine fristlose Kündigung zulässig (LG Augsburg WuM 86, 137).

Auch das Rauchen in einem Mietshaus wird zunehmend als problematisch angesehen. Aber: Das Rauchen im Freien und in der eigenen Wohnung ist gestattet.

Rauchen in der Wohnung und auch auf dem Balkon gehören im Allgemeinen zum vertragsgemäßen Gebrauch (BGH WuM 2008, 213; BGH WuM 2006, 513). Nachbarn, die sich belästigt fühlen, können weder die Miete mindern noch Abhilfe vom Vermieter (zum Beispiel Rauchverbote) verlangen (LG Berlin GE 2009, 781).

Gemeinschaftsräume

Anders sieht es aus, wenn in Gemeinschaftsräumen, wie Keller, Aufzug oder Treppenhaus, geraucht wird. Hier kann der Vermieter das Rauchen verbieten (AG Hannover NZM 2000, 520). Dringt der Zigarettenqualm nicht über Fenster, Türen oder Balkone in die Wohnung, sondern aufgrund der Bauweise des Gebäudes, kann der sich belästigt fühlende Mieter Abhilfe verlangen und gegebenenfalls auch die Miete kürzen (LG Stuttgart WuM 1998, 724; AG Kerpen WuM 2010, 764).

Urteile

Keine Mängel/Mietminderung:
- haushaltsübliche Kochgerüche müssen auch im Treppenhaus hingenommen werden (AG Hamburg WuM 93, 39);
- keine Mietminderung, wenn Zigarettenrauch von einem Nachbarbalkon kommt (AG Schöneberg GE 2009, 781; AG Wennigsen WuM 2001, 487).

Erhebliche Mängel/Berechtigte Mietminderung:
- unangenehme Geruchsbelästigungen, weil der Vermieter die darunter gelegene Wohnung renoviert und ein lösungsmittelhaltiges Mittel verwendet: 90 % Mietminderung für die betreffenden Räume (AG Schöneberg MM 96, 250);
- Gestank von sich zersetzenden menschlichen Exkrementen und organischem Müll im Treppenhaus: 10 % Mietminderung (LG Berlin WuM 2011, 155);
- Gestank durch Ausgasungen von U-Bahn-Schwellen, der bis in die benachbarten Wohnungen dringt, ein Öffnen der Fenster oder eine Nutzung des Gartens praktisch unmög-

lich macht, berechtigt zu einer Mietminderung von 25 % in der Zeit von April bis September und von 15 % zwischen Oktober und März (AG München WuM 2011, 465);

- bestialischer Gestank (Frettchen) aus der Nachbarwohnung: 33 % Mietminderung (AG Köln WuM 89, 234);
- Gestank aus Nachbarwohnung wegen nicht tiergerechter Tierhaltung: 10 % Mietminderung (AG Bergisch Gladbach 23 C 280/90);
- Hundekot im Treppenhaus, erhebliche Geruchsbelästigungen aus der benachbarten Wohnung des Hundehalters: 20 % Mietminderung (AG Münster WuM 95, 534);
- so starke Geruchsbelästigungen aus benachbarter Pizzeria, dass dem Richter bei der Ortsbesichtigung nach 15 Minuten schlecht wird: 15 % Mietminderung (AG Köln WuM 90, 338);
- starke Geruchs- und Lärmbelästigungen aus einem im Erdgeschoss des Mietshauses gelegenen Restaurant: 25 % Mietminderung (LG Hamburg WuM 87, 218);
- Lärm- und Geruchsbelästigungen durch den benachbarten Supermarkt: 15 bis 20 % Mietminderung (AG Gifhorn WuM 2002, 215);
- erhebliche Belästigungen durch den Wäschetrockner (dichte, übelriechende Nebelschwaden): 10 % Mietminderung (LG Köln WuM 90, 385);
- Zigarettenrauch aus der darunter liegenden Wohnung, weil die Zwischendecke nicht hinreichend abgedichtet ist: 10 % Mietminderung (LG Berlin – 65 S 124/08); 5 % Mietminderung (AG Kerpen WuM 2010, 764);
- wenn aufgrund der schlechten Abdichtungen im Gebäude Zigarettenrauch und Essensgerüche in die Mietwohnung dringen: 20 % Mietminderung (LG Stuttgart WuM 98, 724);
- Gestank von Zigarettenrauch im Badezimmer, der durch den Versorgungsschacht eindringt: 5 % Mietminderung (LG Köln 10 S 221/09).

02

Geruchsbelästigung durch Tiere

TRITTSCHALL, SCHALLSCHUTZ

Zum vertragsgemäßen Gebrauch der Wohnung gehört auch, dass Mieter nicht durch übermäßige Geräusche zum Beispiel aus Nachbarwohnungen belästigt werden. Ist in der Wohnung „jeder Schritt" aus der darüber liegenden Wohnung zu hören, kann mangelhafter Trittschallschutz die Ursache sein.

Vereinbarung ent-
scheidend

Entscheidend ist, ob und, wenn ja, welche Art von Schallschutz Mieter und Vermieter beim Abschluss des Mietvertrags vereinbart haben (BGH WuM 2004, 715).

Ohne konkrete Vereinbarung gilt Schallschutz gemäß den technischen Normen (DIN 4109), die bei Errichtung des Gebäudes galten (BGH WuM 2010, 482; BGH WuM 2009, 457). Je nach Alter des Gebäudes kann die DIN 4109 in der Fassung von 1962 (max. 63 dB) oder von 1989 (max. 53 dB) gelten.

Ein Mangel liegt vor, wenn die geltenden DIN-Vorschriften hinsichtlich Trittschalldämmung nicht eingehalten werden (LG Berlin GE 96, 1249).

Der Vermieter ist nicht verpflichtet, den Schallschutz im Laufe der Zeit – auch nicht im Laufe der Mietzeit – zu verbessern. Das gilt auch dann, wenn in der über der Mieterwohnung gelegenen Wohnung der Fußbodenbelag ausgetauscht wird und sich hierdurch der Schallschutz zwar verschlechtert, sich aber noch im Rahmen der DIN 4109 bewegt (BGH WuM 2009, 457). Die lärmgestörten Mieter haben auch keinen Anspruch darauf, dass der Mieter in der oben gelegenen Wohnung Teppichböden auslegt, um den Trittschall zu dämmen (OLG Düsseldorf WuM 1997, 271), wohl aber – nach Ansicht des Landgerichts Hamburg (WuM 2010,1 47) –, dass die Mieter in der Wohnung keine Schuhe mit harten Absätzen tragen.

Baut der Vermieter aber das Haus komplett um, stockt er es um eine Dachgeschosswohnung auf, muss er hierfür die aktuellen, zum Zeitpunkt der Aufstockung geltenden DIN-Normen einhalten (BGH WuM 2004, 715).

02

Das Amtsgericht Bochum hat bestätigt, dass wenn eine Wohnung in einem 50 Jahre alten „kernsanierten" Haus angemietet wird, von einer Schrittschalldämmung nach aktuellen DIN-Vorgaben ausgegangen werden kann (AG Bochum WuM 2011, 622).

Doch auch wenn die DIN 4109 eingehalten wird, kann aufgrund der konkreten Lärmbeeinträchtigungen ein Mangel zu bejahen sein, beispielsweise wenn dieser auf fehlerhaften Schallbrücken beruht. Letztlich kommt es nicht allein auf Schallmessungen und Dezibelwerte an, sondern mitentscheidend ist neben der Lautstärke zum Beispiel auch, wie lästig die Geräusche sind (LG München I NJW-RR 1998, 1178).

Tipp

Legt ein Mieter besonderen Wert auf eine ruhige Wohnung, muss er dies mit dem Vermieter ausdrücklich vereinbaren. „Schallschutz nach DIN 4109" ist kein besonderer, sondern lediglich der Mindestschallschutz, Schallschutzstufe I. Vereinbart werden kann auch eine Schallschutzstufe II oder III gemäß VDI 4100.

Urteile

Keine Mängel/Mietminderung:

- bei Anmietung einer Altbauwohnung mit Holzdecken muss damit gerechnet werden, dass tiefe Frequenzen und damit auch Schnarchgeräusche aus der Nachbarwohnung zu vernehmen sind. Es liegt kein Mangel der Mietsache vor (AG Bonn NZM 2010, 619).

Erhebliche Mängel/Berechtigte Mietminderung:

* sind im gesamten Wohnbereich Urinstrahlgeräusche aus der Nachbarwohnung deutlich und auffällig hörbar; hier aufgrund eines harten Verbunds zwischen Stand-WC und Estrich beziehungsweise Rohdecke: 10 % Mietminderung (LG Berlin GE 1009, 779);
* Bremsgeräusche des Fahrstuhls, die über 30 dB(A) hinausgehen: 10 % Mietminderung (LG Berlin GE 2011, 58);
* das Hauptwasserrohr muss so gedämmt sein, dass der Lärmgrenzwert von 35 dB(A) eingehalten wird, ansonsten: 10 % Mietminderung (LG Berlin MM 86, 116);

Schallisolierung

* bei teilweise mangelhafter Schallisolierung: 10 bis 15 % Mietminderung (AG Braunschweig WuM 83, 122; AG Lüdinghausen WuM 80, 52);
* fehlende Trittschalldämmung bei nachträglich ausgebauter Dachgeschosswohnung, wenn in der darunter liegenden Wohnung „jeder Schritt" und „jedes Geräusch" zu hören sind: 20 % Mietminderung (AG Cloppenburg WuM 96, 760);
* übermäßige Hellhörigkeit und unzureichender Trittschallschutz, Schritte aus der Nachbarwohnung sind laut und deutlich zu hören: 5 % Mietminderung (LG Hannover WuM 94, 463).

LÄRMBELÄSTIGUNGEN

Auf der einen Seite gehört zum vertragsgemäßen Gebrauch der Mietsache ein „ruhiges" Wohnen ohne störende Geräusch- oder gar Lärmbelästigungen. Auf der anderen Seite kann niemand Wohnung, Balkon, Terrasse und Garten völlig geräuschlos nutzen. Deshalb ist die Frage mitunter schwer zu beantworten, welche Geräusche erlaubt oder noch zumutbar und welche unzumutbar sind und deshalb Rechte der lärmgestörten Mieter auslösen, zum Beispiel eine Mietminderung.

Extrem störender Lärm kann Körperverletzung sein (AG Ratingen DWW 89, 394).

Zwar gibt es Immissionsschutzgesetze der Länder, die DIN 4109 und die VDI 4100 zum Schallschutz im Wohnungsbau, die TA Lärm beziehungsweise die VDI-2058 mit Richtwerten zum Geräuschpegel technischer Anlagen. Verbindliche Grenzwerte für alle nur denkbaren Situationen können sie aber auch nicht liefern. Denn immer muss auch berücksichtigt werden, zu welcher Zeit, an welchem Ort welche Lärmquelle wie häufig zu Belästigungen führt.

Starke Vibrations- und Körperschallgeräusche, hervorgerufen durch eine neu eingebaute Entlüftungsanlage, sind ein Mangel, der Vermieter muss diesen beseitigen (AG Lichtenberg MM 97, 154).

Nachbarn

Wer in ein Mehrfamilienhaus zieht, kann nicht erwarten, dass aus den Nachbarwohnungen keinerlei Laute zu vernehmen sind. Geräusche, die mit üblichem Verhalten oder üblicher Nutzung der Räume verbunden sind, müssen hingenommen werden (OLG Dresden WuM 2009, 393). Etwas anderes gilt, wenn in den Nachbarwohnungen übermäßiger Lärm erzeugt wird. Erhebliche und ständig wiederkehrende Lärmbelästigungen, beispielsweise durch eine im Haus wohnende Wohngemeinschaft, die jede Nacht lärmt (AG Chemnitz WuM 1994, 64; AG Braunschweig WuM 1990, 147), oder ständig laut streitende Nachbarn (AG Bergisch Gladbach WuM 2003, 29) rechtfertigen eine Mietminderung.

Übliches Verhalten

Insbesondere spät abendliche oder nächtliche Partys und Feste sorgen oft für Ärger. Nicht zuletzt deshalb, weil viele Mieter

Tipp

Grundsätzlich muss auf die Mitbewohner im Haus Rücksicht genommen werden.

glauben, einmal im Monat oder dreimal im Jahr dürften sie ohne Weiteres „so richtig auf die Pauke hauen". Ein derartiges Recht gibt es nicht (OLG Düsseldorf WuM 1990, 116: Lautstarkes Feiern in der Wohnung nach 22 Uhr ist auch nicht einmal im Monat erlaubt; Bußgeld in Höhe von 100 Euro).

Das heißt zwar nicht, dass jegliche Art von Feierlichkeit in einem Mehrfamilienhaus ausgeschlossen ist, aber insbesondere nach 22 Uhr darf es nicht mehr zu erheblichen Belästigungen der Nachbarn kommen. Typische Familienfeiern, wie Geburtstag oder Hochzeit, oder auch ein Gartenfest in einem typischen Wohngebiet sind aber Ausdruck der Geselligkeit und müssen von Nachbarn auch einmal hingenommen werden.

Bei Festen oder Feiern aus besonderem Anlass dürfen geringfügige Lärmbeeinträchtigungen auch nach 22 Uhr auftreten (AG Bremen WuM 57, 185).

Gartenfest

Hinnehmen von Lärm gilt bei einem Gartenfest insbesondere dann, wenn die Feiernden die Party ab 22 Uhr in den Keller verlegen (LG Frankfurt WuM 1989, 575).

Mit Geräuschen von Haushaltsmaschinen, wie Staubsauger oder Wasch- und Spülmaschinen, muss in einem Haus gerechnet werden, sie sind allgemein üblich und berechtigen die Nachbarn nicht zu einer Mietminderung (AG Mönchengladbach-Rheydt DWW 1994, 24). Hier sind die allgemeinen Ruhezeiten einzuhalten, das heißt die nächtlichen Ruhezeiten zwischen 22 und 7 Uhr und unter Umständen Ruhezeiten zur Mittagszeit, wenn sie in der Hausordnung vorgesehen sind. Auch das Betätigen der Wasserspülung, das Laufenlassen von Wasser und das Öffnen und Schließen von Fenstern berechtigen nicht zu einer Mietminderung, selbst wenn hiermit verbundene Geräusche nach 22 Uhr auftreten (AG Münster

WuM 1983, 236). Nach 22 Uhr darf auch gebadet oder geduscht werden. Ein Verbot im Mietvertrag ist unwirksam (LG Köln WuM 1997, 323). Das Oberlandesgericht Düsseldorf (WuM 1991, 288) gestattet nach 22 Uhr maximal 30 Minuten Duschzeit, inklusive Ein- und Ablaufenlassen des Wassers. Umbauarbeiten in der Nachbarwohnung, Verlegen eines neuen Fußbodens oder der Einsatz einer Bohrmaschine müssen ebenfalls „in Grenzen" akzeptiert werden. Übersteigen die Arbeiten das übliche Maß, kommt eine Mietminderung in Betracht, beispielsweise wenn freistehende Küchen- und Sanitärmöbel durch Einbauküche und Badewanne ersetzt werden (AG Neuruppin WuM 2005, 653).

Radio, Fernseher, CD-Player usw. dürfen natürlich in der Wohnung genutzt werden, in „Zimmerlautstärke", insbesondere ab 22 Uhr. Streng genommen bedeutet Zimmerlautstärke, dass das Geräusch nur in dem Zimmer gehört werden darf, in dem die Geräte eingesetzt werden. Realistischer ist da die Definition der Landgerichte Berlin (DWW 1988, 83) und Hamburg (WuM 1996, 159), wonach Geräusche außerhalb der Wohnung nicht mehr oder zumindest kaum noch wahrnehmbar sein dürfen.

Zimmerlautstärke

Kinder

Kinderlärm ist natürlich nicht zu vergleichen mit Lärm von Industrieanlagen. So legt beispielsweise das Berliner Landesimmissionsschutzgesetz fest, dass störende Geräusche, die von Kindern ausgehen, als Ausdruck selbstverständlicher, kindlicher Entfaltung und zur Erhaltung kindgerechter Entwicklungsmöglichkeiten grundsätzlich sozialadäquat und damit zumutbar sind. Viele weitere Gerichte hatten sich in den letzten Jahren für mehr Toleranz gegenüber Kindern ausgesprochen. So muss der mit dem üblichen kindgemäßen Verhalten verbundene Lärm von Nachbarn hingenommen werden (OLG Düsseldorf WuM 1997, 221; AG Hannover WuM 1987, 218). Dazu zählen auch das Lachen, Weinen und Schreien von

Kleinkindern (AG Kiel WuM 1986, 240; AG Bergisch Gladbach WuM 1983, 236; AG Aachen WuM 75, 38; AG Starnberg WuM 92, 471).

Toleranzgrenzen

Wenn die Kinder allerdings übermäßigen Lärm verursachen, zum Beispiel über Tische und Stühle springen, kann dies für die übrigen Mieter im Haus eine so starke Beeinträchtigung bedeuten, dass eine Mietminderung zulässig ist (AG Neuss WuM 1988, 264). Einerseits gilt eine „erweiterte Toleranzgrenze bei Kindern, denn ein Mehrfamilienhaus ist kein Kloster, Kinder können nicht wie junge Hunde an die Kette gelegt werden", so das Amtsgericht Neuss. Andererseits bedeutet dies nicht, dass Kindern ein Freibrief für Rücksichtslosigkeit ausgestellt werden darf. Je älter die Kinder sind, desto eher kann verlangt werden, dass sie auf die Nachbarn Rücksicht nehmen, insbesondere zu den allgemeinen Ruhezeiten. So rechtfertigt vermeidbarer Lärm von Kindern innerhalb der allgemeinen Ruhezeiten eine Mietminderung von 10 Prozent (AG Neuss WuM 88, 264).

Soweit von Spielplätzen in der Nachbarschaft Lärmbeeinträchtigungen ausgehen, gilt Ähnliches. Spielplätze gehören zum Wohnumfeld und bringen nahezu zwangsläufig Lärmbeeinträchtigungen mit sich, die hingenommen werden müssen (OLG Düsseldorf DWW 1996, 20). Auch wenn ein Kinderspielplatz in einen Bolzplatz umgewandelt wird, besteht kein Recht zur Mietminderung (AG Magdeburg WuM 1998, 627). Nachbarn einer Jugendfreizeitstätte müssen in der Zeit bis 22 Uhr Lärmbeeinträchtigungen in einem höheren Maß hinnehmen als sonst in einem reinen Wohngebiet (BGH WuM 1993, 277). Und wer eine Wohnung in unmittelbarer Nachbarschaft zu einem Schulgebäude anmietet, kann keine Rechte geltend machen, wenn nachträglich auf dem Schulgelände ein Spiel- und Bolzplatz angelegt wird (LG Hamburg WuM 1998, 19).

Haustiere

Grundsätzlich müssen Tiere so gehalten werden, dass die Nachbarn nicht unzumutbar gestört werden. Der Vermieter kann die Erlaubnis zur Haltung eines Dobermanns widerrufen, wenn dies zu erheblichen Belästigungen für die Mitmieter führt (LG Hamburg WuM 1999, 453). Auch kann ständig ruhestörendes Hundegebell zur Mietminderung berechtigen (LG Braunschweig 6 S 47/89; AG Düren WuM 90, 117).

02

Dabei spielt es keine Rolle, ob es zu ständig ruhestörendem Hundegebell kommt oder zu erheblichen Beeinträchtigungen, weil beispielsweise ein Graupapagei stundenlang schrill und andauernd pfeift (AG Düren WuM 1990, 117; OLG Düsseldorf WuM 1990, 400; OLG Düsseldorf WuM 1990, 122).

Hausmusik

Häusliches Musizieren kann im Mietvertrag nicht völlig ausgeschlossen werden (BGH WuM 1998, 738; BayObLG WuM 86, 148: bei Einzelabrede zulässig). Auch ein Musizierverbot an Sonn- und Feiertagen ist unzulässig (BayObLG WuM 1996, 488).

Musizierverbot unzulässig

Dagegen ist es möglich, im Mietvertrag die Hausmusik zeitlich zu beschränken, zum Beispiel auf vier Stunden täglich (OLG München WuM 1992, 238). Fehlt eine entsprechende Regelung, erlauben die Gerichte normalerweise zwei bis drei Stunden am Tag (BayObLG WuM 1986, 148; OLG Hamm MDR 1986, 501, OLG Hamm NJW 81, 465; OLG Stuttgart WuM 98, 430). Spielen mehrere Musikanten zusammen, sollen eine bis anderthalb Stunden täglich genügen (OLG Frankfurt WuM 1984, 303). Nach 22 Uhr gilt, wie auch bei TV, CD-Player usw., „Zimmerlautstärke", das heißt, es muss Ruhe herrschen, und ein Klavierspieler darf auch keine vermeintlich ruhigen Stücke von Chopin mehr darbieten (LG Frankfurt WuM 1990, 287).

Wer trotz Abmahnung täglich zwei Stunden musiziert, verstößt gegen das mietvertragliche Rücksichtnahmegebot (LG Düsseldorf DWW 89, 393).

Rücksichtnahmegebot

Auch vor 22 Uhr gilt das allgemeine Rücksichtnahmegebot in Mehrfamilienhäusern, sodass die konkreten Spielzeiten an Arbeits- und Freizeiten der Nachbarn zu orientieren und am besten mit diesen abzustimmen sind.

Für die Fragen, wann und wie lange gespielt werden darf beziehungsweise die Mitmieter Ruhe fordern und gegebenenfalls Mietminderungen geltend machen können, kommt es nicht auf die Qualität der gebotenen Musik an, sondern eher schon auf die Lautstärke und die Art der Instrumente. Daneben können im Einzelfall auch die Bauweise des Hauses, die Schallisolierung der Wohnung, mögliche Umgebungsgeräusche oder die Zusammensetzung der Nachbarschaft entscheidend sein (BGH WuM 1998, 738; OLG Zweibrücken ZMR 1990, 427).

Gewerbe, Gaststätten

Mängel einer Wohnung können auch auf Lärm aus Betrieben in der Nachbarschaft zurückzuführen sein, zum Beispiel Gaststätten (AG Rudolstadt WuM 2000, 19), Supermärkte mit ihrem Ladebetrieb, Kneipen mit Kegelbahnlärm (OLG Hamm NJW-RR 1989, 1176) oder Diskotheken. Auch hier können sich die Mieter gegen übermäßige Lärmbelästigungen wehren und den Vermieter einschalten. Der kann nicht argumentieren, er sei für die Lärmstörungen Dritter nicht verantwortlich (BayObLG WuM 1987, 112). Lärmintensive Gewerbebetriebe, wie Gaststätten und Diskotheken, können Auflagen erhalten, wonach zur Nachtzeit ein bestimmter Geräuschpegel nicht überschritten werden darf, Sperrstunden können vorverlegt und Vorgaben zum Schallschutz gemacht werden.

Für Gewerbelärm gibt es Immissionsrichtwerte in einer technischen Anleitung Lärm (TA Lärm). Danach dürfen zum Beispiel in reinen Wohngebieten folgende Werte nicht überschritten werden: tagsüber 50 dB(A) und nachts 35 dB(A). Maximal zulässige, kurzzeitige Geräuschspitzen liegen hier tagsüber bei 80 dB(A) und nachts bei 55 dB(A). In allgemeinen Wohngebieten und Kleinsiedlungsgebieten liegen die einzuhaltenden Werte jeweils 5 dB(A) höher, in Mischgebieten nochmals 5 dB(A) höher und in Gewerbegebieten dann tagsüber bei 65 dB(A) und nachts bei 50 dB(A), bei Geräuschspitzen sind 95 dB(A) bzw. 70 dB(A) möglich. Werden diese Richtwerte der TA Lärm eingehalten, liegt im Regelfall kein Mangel vor (LG Heidelberg WuM 2010, 148). Bei einer Grenzwertüberschreitung von 7 dB(A) ist aber von einer erheblichen Beeinträchtigung auszugehen (AG Aachen WuM 1989, 12).

02

Bei Lärmbelästigungen durch Fleischhacken des benachbarten Metzgers nach 8 Uhr morgens hat das Amtsgericht Köln kein Recht zur Mietminderung eingeräumt (AG Köln 205 C 87/89).

Verkehr

Eine Mietminderung wegen Störungen durch Flug- oder Straßenlärm ist in der Regel nicht zulässig, wenn sich die Beeinträchtigung im Rahmen des Ortsüblichen bewegt.

Ortsübliches Maß

Wer an eine Hauptverkehrsstraße zieht oder in die Nähe eines Flughafens, muss den davon ausgehenden Lärm hinnehmen. Das gilt erst recht, wenn der Vermieter eventuelle Schallschutzvorschriften beachtet hat (LG Berlin GE 1981, 391).

Anders wieder, wenn erst nach dem Einzug des Mieters die Lärmquelle geschaffen wird, zum Beispiel durch den Ausbau einer Straße zum Autobahnzubringer (AG Köpenick GE 2010, 1277). Wird aber eine Bahntrasse ausgebaut und dann stärker genutzt, rechtfertigen die daraus resultierenden Lärmbelästigungen keine Mietminderung (LG Berlin GE 2009, 53).

Haustechnik

Aufzuganlagen müssen so schallisoliert werden, dass nachts in dem jeweils nächstliegenden Raum der Mieterwohnung Messwerte von 30 dB(A) nicht überschritten werden. Dabei kommt es nicht nur auf Fahrgeräusche, sondern vor allem auf die lauteren Geräusche beim Anfahren und Abbremsen an (LG Berlin GE 2011, 58). Auch störende Geräusche von Heizungsanlagen können Mängel sein. Das betrifft zum Beispiel nächtliche Klopfgeräusche (LG Hannover WuM 94, 463) oder den ganz normalen Geräuschpegel beim Betrieb der Heizungsanlage (LG Landshut WuM 2002, 307).

Gartengeräte

Rasenmäher, Heckenscheren, Rasentrimmer, Rasenkantenschneider dürfen an Sonn- und Feiertagen nicht eingesetzt werden, an Werktagen dürfen sie in der Zeit von 20 bis 7 Uhr nicht benutzt werden. Zusätzlich dürfen Grastrimmer, Graskantenschneider, Laubbläser und -sauger zwischen 7 und 9 Uhr, 13 und 15 Uhr sowie von 17 bis 20 Uhr nicht betrieben werden. Ausnahmen gelten nur für besonders geräuscharme Geräte und Maschinen mit entsprechender Kennzeichnung.

Urteile

Keine Mängel/Mietminderung:
- Rosenmontag herrscht in Köln Ausnahmezustand. Lärmbeeinträchtigungen bis tief in die Nacht aus Gaststätten usw. müssen hingenommen werden (AG Köln DWW 97, 157);
- Schnarchgeräusche aus der Nachbarwohnung: keine Mietminderung (AG Bonn NZM 2010, 619);

- Lärmbelästigung, wenn die Wohnung im Bereich einer vorhandenen Bahntrasse angemietet und die Trasse nach Ausbau als ICE-Strecke betrieben wird (LG Berlin GE 2009, 53) rechtfertigt keine Mietminderung.

Erhebliche Mängel/Berechtigte Mietminderung:

02

- Störung der Nachtruhe durch Bürotätigkeiten eines Nachbarn: 10 % Mietminderung (AG Potsdam GE 2002, 402);
- Lärm durch Einwerfen von Glasflaschen in Container, der auf dem Hof steht, nach 22 Uhr bzw. an Sonnabenden, Sonn- und Feiertagen nach 20 Uhr: 10 % Mietminderung (LG Berlin GE 95, 427);
- häufige und lautstarke Feiern an den Wochenenden bis spät in die Nacht: 20 % Mietminderung (LG Dortmund WuM 88, 348);
- erhebliche Lärmbelästigungen durch das Verhalten eines Nachbarn im Wohnhaus: 35 % Mietminderung (AG Chemnitz WuM 94, 68);
- erheblicher nächtlicher Lärm, lautstarke Musik usw. durch Wohngemeinschaft im selben Haus: 50 % Mietminderung (AG Braunschweig WuM 90, 147);
- erheblicher und intensiver Lärm aus der Nachbarwohnung bis in die Nachtzeit: 40 % Mietminderung (AG Flensburg 63 b C 33/96);
- laute Nachbarstreitigkeiten, insbesondere nachts: 5 % Mietminderung (AG Bergisch Gladbach WuM 2003, 29);
- nächtlicher Lärm von Garagentoren: 10 % Mietminderung (LG Berlin MM 86, 294); 15 % Mietminderung (LG Hamburg WuM 2009, 347).
- führt das Öffnen des Garagentores zur Störung der Nachtruhe, darf die Garage von 22 Uhr bis 6 Uhr nicht benutzt werden (OLG Düsseldorf WuM 91, 438);
- Disco- und Lifemusik aus einer Gaststätte sechsmal im Monat bis 3 Uhr morgens und eine Geräuschbeeinträchtigung von deutlich mehr als 40 dB(A) vor 22 Uhr und

30 dB(A) nach 22 Uhr: 15 % Mietminderung (AG Bonn WuM 90, 497);

- typischer Diskothekenlärm: 30 % Mietminderung (AG Köln WuM 78, 173);
- erheblicher Gaststättenlärm bis 1 Uhr nachts: 37 % Mietminderung (AG Rheine WuM 85, 260);
- extremer Gaststättenlärm, der nachts in der Mietwohnung zu Richtwertüberschreitungen von bis zu 10 dB(A) führt und geeignet ist, Gesundheitsschäden hervorzurufen: 50 % Mietminderung (AG Schöneberg MM 95, 29);
- Ruhestörung durch eine Imbissstube mit Alkoholausschank: 20 % Mietminderung (AG Braunschweig WuM 81, U 16);
- das Hauptwasserrohr muss so gedämmt sein, dass der Lärmgrenzwert von 35 dB(A) eingehalten wird, ansonsten: 10 % Mietminderung (LG Berlin MM 86, 116);
- nächtliche Lärmstörungen durch benachbartes Billard-Café: 20 % Mietminderung (AG Köln 201 C 581/88);
- Lärmstörungen aus einem unter der Wohnung gelegenen Schallplattengeschäft: 10 % Mietminderung (AG Köln WuM 94, 200);
- laute Urinstrahlgeräusche eines „Stehpinklers" in der oberen Nachbarwohnung sind im Wohnbereich zu hören: 10 % Mietminderung (LG Berlin GE 2009, 779);
- Lärmbelästigungen durch nächtliche Benutzung des Müllschluckers, insbesondere durch Entsorgung von Flaschen und Metalldosen: 17 % Mietminderung (LG Dresden NJWE-MietR 97, 197);
- bei Rauschen und Knacken in der Heizung: 10 % Mietminderung (AG Hamburg WuM 87, 271);
- bei Lärmbelästigungen durch Taubenschlag mit mehreren hundert Tauben neben der Mietwohnung: 25 % Mietminderung (AG Dortmund WuM 80, 6);
- Geräuschpegel, hervorgerufen durch eine Skater-Anlage: 5 % Mietminderung (AG Emmerich WuM 2000, 302);

- Lärm- und Geruchsbelästigungen durch den benachbarten Supermarkt: 15 bis 20 % Mietminderung (AG Gifhorn WuM 2002, 215);
- Lärm durch im Haus befindliche Tanzschule nach 22 Uhr: 20 % Mietminderung (AG Köln WuM 88, 56);
- extreme Zunahme des Verkehrslärms, weil eine Sackgasse für den Durchgangsverkehr geöffnet wird: 8 % Mietminderung (AG Köpenick WuM 2006, 145);
- Baulärm, hervorgerufen durch den Bau der ICE-Trasse, führt zu einer Minderung von 10 bis 20 % (LG Wiesbaden WuM 2000, 184; LG Köln WuM 2001, 78).

02

BAUMASSNAHMEN IM HAUS

Gleichgültig, ob der Vermieter Umbauarbeiten im Haus vornimmt, repariert oder modernisiert: All diese Maßnahmen beeinträchtigen den Wohnwert der Wohnung erheblich. Insbesondere natürlich dann, wenn in der Wohnung des Mieters gearbeitet werden muss. Bei Bauarbeiten im Haus beziehungsweise in der Mieterwohnung sind Mietminderungen bis 100 Prozent denkbar.

Mietminderungen bis 100 Prozent

Urteile

Erhebliche Mängel/Berechtigte Mietminderung:

- umfangreiche Arbeiten in der Wohnung mit Ausfall der Warmwasserversorgung, Lärm durch Trocknungsgeräte und Bauschutt: 75 % Mietminderung (LG Berlin GE 2010, 1621);
- drei Deckendurchbrüche im Schlafzimmer, Mieter können im Schlafzimmer sogar beobachtet werden: 30 % Mietminderung bezogen auf die Wohnfläche des Schlafzimmers (LG Berlin GE 96, 549);
- Baulärm wegen Arbeiten in der Wohnung, Auffräsen von Wänden zwecks Verlegung von Leitungen und Rohren: trotz lärm- und schmutzintensiver Arbeiten nur 10 % Miet-

minderung, weil nicht durchgängig und nicht täglich gearbeitet wurde (LG Berlin WuM 2004, 233);

- Bauarbeiten außerhalb der Wohnung im Außenbereich, insbesondere wegen stark wechselnder Lärmbeeinträchtigungen: 15 % Mietminderung (LG Berlin WuM 2004, 233);
- Arbeiten zur Mängelbeseitigung im Bad: 20 % Mietminderung (LG Berlin GE 98, 1151);
- bei erheblichen Bauarbeiten über sechs Monate hinweg: 22 % Mietminderung (LG Hannover WuM 86, 311);

Lärmbeeinträchtigungen

- Bauarbeiten im Haus mit erheblichen Lärmbeeinträchtigungen: 30 % Mietminderung (AG Hamburg WuM 9/91, VII);
- umfassende Bauarbeiten (Dachgeschossausbau) im Haus: 60 % Mietminderung (AG Hamburg WuM 87, 272); 80 % Mietminderung (LG Hamburg 307 S 135/95);
- bei Dachgeschossausbau und entsprechenden Beeinträchtigungen in der darunter liegenden Wohnung: 33 % Mietminderung (LG Berlin GE 96, 1051); 20 % Mietminderung (LG Berlin GE 2001, 771);
- wird im Zuge von Bauarbeiten das Haus „eingerüstet" und mit Planen verhangen, sodass der Balkon nicht genutzt werden kann und die Wohnung übermäßig abgedunkelt ist: 15 % Mietminderung (AG Hamburg WuM 96, 30);
- Einrüstung der Fassade (weniger Licht, Lüftungsbeeinträchtigungen): 5 % Mietminderung (LG Berlin MM 94, 396);
- Einrüstung der Fassade, Plastikfolien an den Fenstern, Wohnung abgedunkelt und kaum Lüftungsmöglichkeiten: 15 % Mietminderung (AG Mainz 10 C 49/96);
- der Einsatz von Trocknungsgeräten macht das Wohnen unzumutbar, zumindest dann, wenn bei Betrieb der Geräte ein Geräuschpegel von 50 dB(A) besteht: 100 % Mietminderung (AG Schöneberg WuM 2008, 477);
- umfangreiche Bauarbeiten, wie Ausbau des Dachgeschosses, Installation einer Heizungsanlage, Erneuerung der Wasserversorgung, Fassadenarbeiten und Arbeiten in der Mieterwohnung selbst (Wände, Decken und Böden auf-

stemmen): 100 % Mietminderung (AG Charlottenburg MM
96, 455).

BAUMASSNAHMEN IN DER NACHBARSCHAFT

Auch erheblicher Baulärm in der Nachbarschaft kann zur Mietminderung berechtigen (LG Frankfurt/Main WuM 2007, 316;
LG Köln WuM 2001, 78; LG Wiesbaden WuM 2000, 184). Dabei spielt es keine Rolle, dass der Vermieter gegen den Lärm
selbst auch nichts unternehmen kann und zum Beispiel auch
keine Ausgleichszahlung erhält (BayObLG WuM 1987, 112; LG
Siegen WuM 1990, 17).

Vielfach versuchen Vermieter eine Mietminderung mit dem
Hinweis zu unterbinden, der Mieter habe beispielsweise die
künftige Baustelle und den daraus resultierenden Lärm bereits
beim Vertragsabschluss erkennen können. Oder zumindest
hätte er erkennen müssen, dass hier Bauarbeiten zu erwarten sind (LG Berlin GE 2012, 64). Nach diesem Urteil musste
ein Mieter damit rechnen, dass im innerstädtischen Bereich in
Berlin eine Baulücke über kurz oder lang geschlossen wird (LG
Berlin GE 2009, 847; AG Pankow GE 2009, 851).

Lärmbelästigung erwartbar?

Das Recht zur Mietminderung haben Gerichte verneint, weil
die Baulücke auf dem Nachbargrundstück zwingend Baulärm vorhersehen
ließ (LG Gießen ZMR 2011, 384; LG Berlin GE 2009, 847).

Befindet sich auf dem Nachbargrundstück erkennbar ältere
Bausubstanz, ist grundsätzlich mit Störungen durch Bau- und/
oder Renovierungsarbeiten auf diesem Nachbargrundstück zu
rechnen. Dies hätte der Mieter beim Abschluss des Mietvertrags erwarten müssen (OLG Braunschweig 1 U 68/10).

Prognose über Umfang und Dauer

Diese Sichtweise ist aber problematisch. Allein die Kenntnis einer Baulücke oder künftigen Baustelle kann nicht ausreichen, dem Mieter das Mietminderungsrecht abzusprechen. Darüber hinaus müsste der Mieter auch wissen, in welchem Umfang er durch eine künftige Baustelle beeinträchtigt werden könnte. Nur wenn er Dauer und Umfang der Bauarbeiten in etwa abschätzen könnte, kann ihm die Kenntnis des Mangels „Baulärm und Schmutz" tatsächlich entgegengehalten werden. Erreichen die Arbeiten aber ein Ausmaß, mit dem der Mieter tatsächlich nicht hätte rechnen müssen, kommt eine Mietminderung in Betracht, zum Beispiel 15 Prozent (LG Berlin GE 2011, 1685). Das Gleiche gilt bei einer Großbaustelle (so ein Protokollhinweis des Kammergerichts Berlin bei der Berufungsverhandlung zu LG Berlin GE 2009, 179; LG Mannheim WuM 2000, 185). Das Landgericht Frankfurt (WuM 2007, 316) billigt den Mietern bei einer Großbaustelle in der Innenstadt eine Mietminderung in Höhe von 12 Prozent zu, das Amtsgericht Münster (WuM 2009, 177) sogar 15 Prozent, wenn es durch umfangreiche Abrissarbeiten einer benachbarten Großbaustelle zu erheblichen Lärmbelästigungen kommt.

Ausschluss der Mietminderung

Ein Recht zur Mietminderung ist allerdings ausgeschlossen, wenn der Mieter die Wohnung angemietet hat, ohne dass er sich diese Möglichkeit gegenüber dem Vermieter vorbehalten hat, obwohl er beispielsweise die in einem Neubaugebiet anstehenden Bauarbeiten hätte erkennen können. Aber selbst in diesem Fall muss der Mieter nur die für eine Neubaustelle üblichen Belästigungen hinnehmen. Übermäßiger Baulärm, der ein Öffnen der Fenster unmöglich macht oder sich bis tief in die Abendstunden und auf das Wochenende erstreckt, kann ohne Weiteres wieder eine Mietminderung rechtfertigen.

Urteile

Erhebliche Mängel/Berechtigte Mietminderung:

- erheblicher Baulärm in der Nachbarschaft berechtigt zur Mietminderung, egal, ob der Vermieter etwas gegen den Lärm unternehmen kann oder nicht: 20 % Mietminderung (BayObLG RE WuM 87, 112; LG Göttingen WuM 86, 114; LG Siegen WuM 90, 17; AG Regensburg WuM 92, 467; AG Gelsenkirchen WuM 2006, 611);
- können wegen des Baulärms Fenster nicht geöffnet werden und ist eine normale Unterhaltung nicht möglich, kommt es infolge der Bauarbeiten zu Erschütterungen in der Wohnung usw.: 25 % Mietminderung (LG Darmstadt WuM 84, 245);
- bei erheblichen Belästigungen durch eine benachbarte Großbaustelle: 35 % Mietminderung (LG Hamburg WuM 2001, 444);
- auch in Innenstadtlagen mit Gewerbeumgebung kann wegen Belästigung durch eine Großbaustelle die Miete um 12 % gekürzt werden (LG Frankfurt WuM 2007, 316).

Baulärm

02

03 SONSTIGE MIETERRECHTE BEI WOHNUNGSMÄNGELN

Treten Wohnungsmängel auf, hat der Mieter Anspruch darauf, dass der Vermieter diese entweder durch Reparatur oder Austausch behebt oder sonstige Beeinträchtigungen abstellt. Weigert sich der Vermieter trotz Aufforderung den Mangel zu beseitigen, kann der Mieter auch zur Selbsthilfe greifen. Unter Umständen kann auch Schadenersatz gefordert oder die Wohnung sogar gekündigt werden, wenn beispielsweise angesichts gravierender Wohnungsmängel gesundheitliche Schäden der Bewohner zu befürchten sind.

ERFÜLLUNGS- ODER HERSTELLUNGS-ANSPRUCH

Treten Wohnungsmängel auf, hat der Mieter vor allem ein Interesse daran, dass die Mängel abgestellt werden. Er will eine ordentliche und fehlerfreie Wohnung haben, so wie beim Vertragsabschluss. Eine Mietminderung hilft deshalb in diesen Fällen nur wenig. Errichtet der Vermieter beispielsweise einen Anbau an das Mietshaus, sodass der Mieter aus seiner Wohnung nicht mehr durch die Fenster in Diele und Bad ins Freie, sondern nur auf den Anbau blicken kann, dann hat er Anspruch darauf, dass der Vermieter den Anbau wieder entfernt, also zurückbaut (LG Köln 1 S 15/09). Auch wenn die Fenster der Mieterwohnung undicht sind, hilft es dem Mieter wenig, wenn er seine monatliche Miete um 5 Prozent kürzen und hier 25 Euro weniger Miete zahlen kann (KG Berlin WuM 1982, 184). Ziel des Mieters muss es sein, dass die Fenster repariert beziehungsweise ausgetauscht werden.

Anders als möglicherweise bei der Mietminderung spielt es keine Rolle, ob die Mieter die Mängel längere Zeit widerspruchslos hingenommen haben oder ob der Mangel eine erhebliche Beeinträchtigung ist. Der Reparaturanspruch bleibt; denn er ist während der Mietzeit unverjährbar (BGH WuM 2010, 238).

Weigert sich der Vermieter, den Mangel zu beheben, oder rührt er sich gar nicht, kann der Mieter auf Herstellung des ordnungsgemäßen Zustandes klagen. Das Gericht kann den Vermieter dann verurteilen, den Mangel (z.B. Feuchtigkeit) dauerhaft abzustellen (BayObLG WuM 89, 657). Ist der Vermieter in diesen Fällen nur zu unzureichenden Malerarbeiten bereit oder setzt er unqualifizierte Hilfskräfte ein (AG Wetzlar WuM 2005, 715), ist der Mieter berechtigt, diese Arbeiten als „untauglich" abzulehnen (LG Hamburg WuM 98, 690). Das Gericht kann dem Mieter das Recht geben, die Reparatur auf

Tipp

Mängel der Mietwohnung, die der Mieter angezeigt hat, muss der Vermieter innerhalb einer angemessenen Frist beseitigen. Dabei gilt als Faustregel: Je schwerer der Mangel bzw. je leichter die Fehlerbehebung, desto kürzer die Frist.

03

Dauerhafte Mängelbeseitigung

Kosten des Vermieters selbst zu veranlassen und den Vermieter verurteilen, einen entsprechenden Vorschuss zu zahlen (OLG Frankfurt WuM 89, 284; KG Berlin WuM 88, 142).

Die Instandsetzungspflicht des Vermieters gilt nicht uneingeschränkt. Sie entfällt, wenn die „Opfergrenze" (siehe S. 26) überschritten würde (BGH WuM 2005, 713). Dies muss jeweils im Einzelfall geprüft werden und betrifft nur Ausnahmefälle (OLG Hamburg WuM 2001, 542; OLG Karlsruhe WuM 95, 307). Bei der Bewertung spielt auch das Verschulden des Vermieters eine Rolle (BGH WuM 2010, 348) sowie das Ausmaß der Beeinträchtigungen (BGH WuM 2005, 713).

Opfergrenze

Wenn die Instandsetzung dazu dient, Substanz und Wert des Gebäudes zu erhalten, muss der Vermieter auch aufwendige Arbeiten durchführen und kann sich kaum auf die Opfergrenze berufen (LG Osnabrück WuM 92, 119).

Sanierungskosten von 10.000 bis 13.000 Euro zur Beseitigung von Feuchtigkeitsschäden überschreiten die Opfergrenze nicht unbedingt (LG Wuppertal WuM 91, 178); auch nicht der Betrag von 25.000 Euro für die Neuerrichtung eines Balkons. Auch dann liege nach Ansicht des Landgerichts Hamburg noch kein krasses Missverhältnis zwischen Instandsetzungsaufwand und dem Nutzen für den Mieter und das Mietobjekt vor, zumal wenn für die Wohnung Mieteinnahmen in Höhe von 13.800 Euro pro Jahr zu berücksichtigen seien (LG Hamburg WuM 97, 432).

Würde die Wiederherstellung von Nebenräumen (Keller, Garagen) völlig unwirtschaftlich sein und die „Opfergrenze" überschritten, darf der Vermieter auch Ersatzräume anbieten (LG Aachen WuM 90, 117).

Der Vermieter ist grundsätzlich zur Reparatur verpflichtet, um den Standard des Mietobjekts zu sichern. Wird beispielsweise die Gasversorgung durch einen Brand im Seitenflügel des Hauses unterbrochen, muss der Vermieter die notwendigen Reparaturarbeiten in Auftrag geben (LG Berlin WuM 98, 481). Die Erhaltungspflicht kann entfallen, wenn die Mietsache beispielsweise zerstört ist (BGH WuM 90, 546).

03

Bei einer teilweisen Zerstörung entfällt die Pflicht zur Wiederherstellung, wenn die Opfergrenze überschritten wird (Bezirksgericht Dresden WuM 91, 143). Das ist etwa der Fall, wenn diese unter wirtschaftlichen Gesichtspunkten einer vollständigen Zerstörung gleichkommt beziehungsweise wenn ein krasses Missverhältnis zwischen Reparaturkosten und Nutzen für den Mieter und dem Wert des Mietobjekts besteht (OLG Hamburg WuM 2001, 542; OLG Karlsruhe WuM 95, 307).

Für Aufwendungen, die im Rahmen der Reparaturarbeiten entstehen, kann der Mieter in angemessenem Umfang Ersatz verlangen, gegebenenfalls auch einen Vorschuss. Muss er zum Beispiel zur Beseitigung von Wasserschäden Zimmer ausräumen, hat ihm der Vermieter den für das Aus- und Einräumen der Schränke sowie das Ab- und Aufbauen der Möbel erforderlichen Zeitaufwand mit einem angemessenen Stundensatz zu vergüten (LG Berlin MM 2006, 73). Hat der Mieter Verdienstausfälle, weil er die Handwerker nicht unbeaufsichtigt in der Wohnung haben will, muss der Vermieter auch hierfür Ersatz leisten (LG Berlin MM 2006, 73).

Muss der Mieter vorübergehend ein Ausweichquartier anmieten (z.B. weil der Lärm von Trocknungsgeräten den Verbleib in der Wohnung unzumutbar macht), sind diese Kosten ebenfalls vom Vermieter zu ersetzen (AG Schöneberg WuM 2008, 477).

ZURÜCKBEHALTUNGSRECHT

Mietzahlung vorläufig einstellen

Hat der Mieter den Vermieter erfolglos aufgefordert, den Mangel zu beseitigen, kann der Mieter auch die „Einrede des nicht erfüllten Vertrags" erheben und die Miete zurückbehalten (BGH WuM 97, 488; NJW 82, 2242). Mit anderen Worten: Der Mieter kann die Mietzahlung vorläufig einstellen; auch bei anders lautenden Vertragsklauseln (LG Osnabrück WuM 89, 370). Voraussetzung ist nur, dass der Vermieter den Mangel kennt beziehungsweise der Mieter den Mangel angezeigt hat (BGH WuM 2011, 12).

Geltendmachung eines Zurückbehaltungsrechts

Mängelanzeige: Wohnung Hauptstr. 20, 1. Etage, links

... aufgrund der Ihnen bekannten Mängel mindere ich seit ..... die Gesamtmiete für meine Wohnung um 25 Prozent.

Die angezeigten Mängel sind immer noch nicht behoben. Aus diesem Grund werde ich bis zur endgültigen Mängelbeseitigung auch die restliche Miete nicht mehr zahlen. Ich berufe mich insoweit auf mein Zurückbehaltungsrecht.

Nach der Rechtsprechung bin ich berechtigt, den drei- bis fünffachen Minderungsbetrag bis zur Mängelbeseitigung, höchstens aber den Betrag, der für die Mängelbeseitigung selbst erforderlich ist, zurückzuhalten. Laut Kostenvoranschlag einer von mir eingeschalteten Fachfirma werden die notwendigen Reparaturkosten 2.000 Euro betragen.

Den zurückbehaltenen Teil der Miete werde ich zunächst auf ein separates Sparbuch einzahlen. Nach Beseitigung der Mängel werde ich den zurückbehaltenen Teil der Miete an Sie überweisen.

Sein Zurückbehaltungsrecht verliert der Mieter auch dann nicht, wenn er den Mangel schon lange kannte (OLG Naumburg WuM 2000, 242; BayObLG WuM 99, 392).

Das Zurückbehaltungsrecht dient ausschließlich als Druckmittel, ändert aber nichts an der grundsätzlichen Mietzahlungspflicht. Die zurückbehaltenen Mieten müssen nachgezahlt werden, wenn der Vermieter die Mängel abgestellt hat oder wenn der Mietvertrag beendet ist. Denn dann besteht kein Anspruch auf Mängelbeseitigung mehr (AG Lüdenscheid WuM 2007, 16).

03

Gleiches gilt beim Verkauf der Wohnung. Gegenüber dem Verkäufer verliert der Mieter sein Zurückbehaltungsrecht. Bestehen die Mängel weiter, so kann er dem Erwerber gegenüber wieder Miete zurückhalten (BGH WuM 2006, 435). War der Verkäufer bereits mit der Mängelbeseitigung im Verzug, dann kann der Mieter mögliche Schadenersatzansprüche auch gegenüber dem Erwerber geltend machen (BGH WuM 2005, 201).

Eigentümerwechsel

Anders bei der Mietminderung: Diese Beträge kann der Vermieter auch nach erfolgter Reparatur nicht mehr zurückverlangen.

Zurückbehaltungsrecht

Die Wohnung weist erhebliche Feuchtigkeitsschäden auf, der Mieter darf die Miete um 30 Prozent kürzen. Dieser Betrag ist für den Vermieter unwiderruflich verloren. Die restlichen 70 Prozent der Miete darf der Mieter zurückbehalten (LG Hamburg WuM 89, 172). Diesen Teil der Miete muss er aber nachzahlen, wenn der Vermieter die Feuchtigkeitsschäden behoben hat. Deshalb: Die zurückbehaltene Miete am besten auf ein Sonderkonto einzahlen.

Nicht jeder Mangel berechtigt zu einer 100-prozentigen Zurückbehaltung des Mietzinses.

Anteiliges Zurückbehaltungsrecht

Ist der Balkon wegen Reparaturbedürftigkeit nicht benutzbar, kann die Miete um 3 Prozent gekürzt werden (LG Berlin MM 86, 327). Bei einer Miete von 500 Euro muss der Mieter also nur noch 485 Euro zahlen. Um nun die Reparatur des Balkons zu erzwingen, darf der Mieter aber nicht die restlichen 485 Euro insgesamt zurückhalten, sondern nur den drei- bis fünffachen Betrag der Minderungsquote (LG Berlin GE 96, 549; LG Hamburg WuM 89, 172). Eine Miete von 500 Euro dürfte der Mieter also auf 485 Euro kürzen und vom Rest der Miete maximal 75 Euro (15 x 5) zurückbehalten. 410 Euro müssten aber auf jeden Fall an den Vermieter gezahlt werden.

Wenn die monatlich zurückbehaltenen Beträge insgesamt die für die Instandsetzung erforderliche Summe erreicht haben, muss der Mieter wieder die volle Miete zahlen (LG Berlin GE 2000, 1688).

SCHADENERSATZ

Zusätzlicher Anspruch

Bei Fehlern oder Mängeln der Wohnung hat der Mieter – auch zusätzlich zur Mietminderung – einen Anspruch auf Schadenersatz.

Kein Ausschluss im Kleingedruckten

Aufgrund des schadhaften Treppengeländers und einer beschädigten Stufe stürzt der Mieter die Treppe hinunter und bricht sich ein Bein. Hier muss der Vermieter Ersatz leisten, unter anderem Schmerzensgeld zahlen.

Wegen gravierender Baumängel treten in einer Wohnung Feuchtigkeitsschäden auf. Der Mieter kann Ersatz für alle Schäden an Tapeten, Möbeln und Fußböden verlangen.

Formularmietverträge enthalten häufig Klauseln, wonach der Vermieter nur bei Vorsatz und grober Fahrlässigkeit für Sachschäden haftet, die der Mieter durch Mängel erleidet. Derarti-

ge Klauseln sind unwirksam (BGH WuM 2002, 141). Der Vermieter kann also seine Haftung für leichte Fahrlässigkeit nicht
durchs Kleingedruckte ausschließen.

DER ANFÄNGLICHE MANGEL

03

Bei Vertragsschluss „garantiert" der Vermieter praktisch, dass
die Mietsache fehlerfrei ist, also zu Beginn des Mietverhältnisses keine Mängel vorliegen (anfängliche Mängel). Diese strenge Haftung des Vermieters gilt auch, wenn er den Mangel gar
nicht verschuldet hat und selbst dann, wenn dieser für den
Vermieter gar nicht sicht- oder erkennbar war (zum Beispiel
verborgene Mängel an Installationen) und er diese somit gar
nicht hätte vermeiden können. Die Garantiehaftung greift in
jedem Fall (LG Köln WuM 90, 386).

Anfänglicher Mangel

Bei Außentemperaturen von minus 10° Celsius kann die Heizungsanlage
die Mietwohnung nicht mehr ausreichend mit Wärme versorgen. Als der
Mieter im März die Neubauwohnung bezog, wusste niemand hiervon. Fast
ein Jahr später wurden die Folgen des Mangels erkennbar: Die Wohnung
wurde nicht warm. Muss sich der Mieter jetzt als zusätzliche Heizung zum
Beispiel einen Heizlüfter kaufen, hat der Vermieter diesen „Schaden" zu
zahlen (AG Tiergarten WuM 89, 157).

Garantiehaftung

Anspruch auf Schadenersatz

Schadenersatz wegen anfänglicher Mängel: Wohnung Hauptstr. 20,
1. Etage, links

... die vorhandene Heizungsanlage ermöglicht bei den aktuellen Tiefsttem-
peraturen keine ausreichende Beheizung meiner Wohnung.

Diesen Mangel, der im Zweifel schon seit Beginn des Mietverhältnisses
vorliegt, konnte ich vor einem halben Jahr, im August, bei Abschluss des
Mietvertrags nicht erkennen. Er zeigt sich erst jetzt, bei Außentemperaturen von minus 10 Grad Celsius.

Da die von Ihnen beauftragte Reparatur der Heizung voraussichtlich erst in vier bis fünf Wochen erfolgen kann, bin ich gezwungen, zumindest für das Wohnzimmer und das Bad einen Heizlüfter zu kaufen. Die Kosten hierfür in Höhe von ...... Euro und die nachzureichenden erhöhten Stromkosten mache ich als Schadenersatz geltend.

Ich bitte Sie, den Betrag auf mein Konto (Bank, Kontonummer, Bankleitzahl) zu überweisen.

Ebenfalls ein anfänglicher Mangel liegt vor, wenn die Wohnung schon zu Beginn des Mietverhältnisses von Katzenflöhen befallen war. Der Schadenersatz erfasst unter anderem die gezahlte Miete. Außerdem hat der Mieter das Recht, fristlos zu kündigen (AG Bremen ZMR 98, 234).

Die Haftung für anfängliche Mängel kann im Mietvertrag ausgeschlossen werden, auch formularmäßig (BGH NZM 2002, 784, für Gewerberaummietverhältnisse).

DER NACHTRÄGLICHE MANGEL

Verschulden des Vermieters

Wenn in der ursprünglich fehlerfreien Wohnung während des Mietverhältnisses Mängel auftreten, die der Vermieter verschuldet hat, ist das ein nachträglicher Mangel.

Schadenersatz muss der Vermieter sogar für Hochwasserschäden zahlen, wenn er nicht die erforderlichen und zumutbaren Schutzvorrichtungen getroffen hat (zum Beispiel eine Abwasserhebeanlage fehlt; LG Köln WuM 96, 334).

Nachträglicher Mangel

Die elfjährige Tochter des Mieters ist gegen eine teilweise aus Glas bestehende Haustüre gestoßen, die dann zerbrach. Weil der Vermieter Haustüren mit bruchsicherem, jedenfalls Splitter hinderndem Glas ausrüsten muss, hat er für die Schnittverletzungen des Mädchens Schadenersatz zu zahlen (OLG Koblenz WuM 97, 376).

03

Eine Haftung kommt auch in Betracht, wenn Handwerker des Vermieters die Mängel verursachen. Deren Verschulden wird dem Vermieter zugerechnet.

Anspruch auf Schadenersatz wegen Verschulden des Vermieters

Schadenersatz: Wohnung Hauptstr. 20, 1. Etage, links

... im Zuge der von Ihnen veranlassten Ausbauarbeiten ist es zu einem Wasserschaden in meiner Wohnung gekommen. Die Wohnzimmercouch ist beschädigt (vgl. Kostenvoranschlag), mehrere Bücher (Schätzwert: 80 Euro) sind ruiniert und die Wohnzimmerdecke ist völlig durchnässt.

Ich bitte Sie, mir den oben genannten Schaden zu ersetzen (Bank, Kontonummer, Bankleitzahl) und die Decke renovieren zu lassen.

Ein Verschulden des Vermieters liegt zum Beispiel in folgenden Fällen vor:

- Die Putzfrau trägt beim Bohnern der Treppe zu viel Bohnerwachs auf, sodass ein Mieter auf der glatten Treppe stürzt (BGH NJW 67, 154).
- Der Vermieter lässt Arbeiten an der Elektroinstallation durchführen. Durch einen Fehler des Elektrikers fällt der Strom aus. Als der Mieter, der verreist war, zurückkommt, sind alle Lebensmittel der Kühltruhe verdorben (AG Wiesbaden WuM 80, 245).
- Im Zuge von Ausbaumaßnahmen im Haus dringt Wasser in die darunter gelegene Wohnung ein. Mietvertragsklauseln,

die eine Vermieterhaftung ausschließen, sind unwirksam (OLG Hamm MDR 96, 256).

- Kein Verschulden trifft den Vermieter, wenn er eine an sich erforderliche Reparatur unterlässt, weil er (nur) Wohnungseigentümer ist und diese, weil die Maßnahme am Gemeinschaftseigentum erfolgt, zunächst von der Eigentümergemeinschaft beschlossen werden muss (LG Frankfurt WuM 2008, 400).

VERZUG

Hat der Vermieter auch nach einer zusätzlichen Mahnung, in der der Mieter eindeutig die Beseitigung der bereits angezeigten Mängel eingefordert hat (BGH WuM 2009, 580), immer noch nicht reagiert, haftet der Vermieter für alle sich aus dem Mangel ergebenden Schäden. Er befindet sich in „Verzug".

Vermieter im Verzug

Während der Mietzeit werden die Fenster undicht. Der Vermieter behebt den Mangel trotz Kenntnis und Mahnung nicht. Regnet es jetzt zum Beispiel in die Wohnung herein, ist der Vermieter schadenersatzpflichtig.

Der Vermieter sorgt trotz Mahnung nicht für die Beheizung der Wohnung, er kauft kein Heizöl ein. Hier darf der Mieter selber einkaufen und Ersatz der Kosten verlangen. Hat er, um zwischenzeitlich überhaupt eine Heizmöglichkeit zu haben, ein Elektrogerät gekauft, muss der Vermieter auch diese Kosten ersetzen (LG Köln WuM 88, 351).

Schadenersatz, Vermieter im Verzug

Schadenersatz: Wohnung Hauptstr. 20, 1. Etage, links

… trotz Mängelanzeige vom ..... und Mahnung vom ...... haben Sie sich bisher nicht um eine Reparatur unserer Heizung gekümmert. Sie befinden sich somit in Verzug.

Ich habe mir jetzt, um überhaupt eine Heizmöglichkeit zu haben, Elektroheizer für das Bad und das Wohnzimmer gekauft. Die Kosten in Höhe von .... Euro mache ich als Schadenersatz geltend.

Ich bitte Sie, den Betrag auf mein Konto (Bank, Kontonummer, Bankleitzahl) zu überweisen.

Gleichzeitig kündige ich an, dass ich die Instandsetzung der Heizung durch eine Fachfirma selbst beauftragen werde (vgl. Musterschreiben S. 168 Ankündigung der Selbstbeseitigung und S. 169 Anspruch auf Vorschuss bei Selbstbeseitigung).

03

VORSICHT BEI EIGENTÜMERWECHSEL

Bei einem Eigentümerwechsel muss der Mieter sorgfältig prüfen, gegen wen er Ansprüche geltend machen kann. Schäden, die vor der Eintragung des neuen Eigentümers entstanden sind, müssen gegenüber dem alten Vermieter geltend gemacht werden. Dabei ist auch zu berücksichtigen, dass mit dem Verkauf das Mietverhältnis mit dem alten Vermieter endet und Ansprüche verjähren könnten. Allerdings beginnt die Verjährungsfrist erst dann zu laufen, wenn der Mieter Kenntnis vom Eigentümerwechsel hat; das heißt von der Eintragung des Erwerbers im Grundbuch (BGH WuM 2008, 402).

Ist der Schaden erst nach dem Eigentümerwechsel eingetreten, richten sich die Ansprüche gegen den Käufer. Dabei wirkt der Verzug des alten Vermieters auch gegen einen Erwerber; der Mieter muss den neuen Vermieter also nicht noch einmal in Verzug setzen (BGH WuM 2005, 201).

Erwerber im Verzug

MITVERSCHULDEN

Ein Mitverschulden des Mieters kann seinen Schadenersatzanspruch verringern oder ausschließen. Dies kommt dann in Betracht, wenn er dem Vermieter einen ihm bekannten Mangel nicht unverzüglich anzeigt. Der Mieter hat aber keine Verpflichtung, nach Mängeln zu forschen (BGH WuM 1978, 88). Einen Schadenersatzanspruch kann der Mieter auch dann verlieren, wenn er den Mangel lange Jahre hinnimmt und die

Wohnung weiter nutzt, ohne seine Rechte wahrzunehmen (KG WuM 2006, 390). Um den Einwand des Vermieters zu entkräften, den Mieter träfe am Schaden ein mitwirkendes Verschulden, muss der Mieter darlegen, was er zur Schadensminderung unternommen hat (BGH WuM 2006, 25).

SELBSTBESEITIGUNGSRECHT

Voraussetzungen

Befindet sich der Vermieter mit der Beseitigung des Mangels in Verzug, hat der Mieter das Recht, nicht aber die Pflicht, den Mangel selbst zu beseitigen. Voraussetzung ist, dass der Vermieter über den Mangel informiert worden ist und trotz Mahnung nichts unternommen hat, oder dass seine Maßnahmen ohne Erfolg waren (AG Osnabrück WuM 2004, 469). Mängelanzeige und Mahnung können zusammen erklärt werden. Einen bestimmten Termin oder eine Frist muss der Mieter nicht angeben; es reicht, eine umgehende Mängelbeseitigung zu fordern (BGH WuM 2009, 580).

Ankündigung der Selbstbeseitigung

Mängelanzeige: Wohnung Hauptstr. 20, 1. Etage, links

... die Ihnen mit Schreiben vom .... angezeigten Mängel sind bis heute nicht abgestellt worden (trotz mehrfacher mündlicher und schriftlicher Anzeigen haben sich bisher nicht um die Beseitigung der Wohnungsmängel gekümmert).
Ich setze Ihnen nunmehr eine letzte Frist bis ...., den vertragsgemäßen Zustand der Mietsache wiederherzustellen.
Sollte diese Frist ergebnislos ablaufen, werde ich von mir aus eine Fachfirma mit der Beseitigung der Mängel beauftragen. Die anfallenden Kosten werde ich Ihnen in Rechnung stellen beziehungsweise mit der oder den nächsten Mietzahlungen verrechnen.

Ist der Vermieter nicht im Verzug und beseitigt der Mieter
eigenmächtig einen Mangel, kann er keine Kostenerstattung verlangen
(BGH WuM 2008, 147).

Liegt Verzug vor, kann der Mieter zwar auch gerichtliche Hilfe
in Anspruch nehmen, auf Reparatur klagen und unter Umständen sogar eine einstweilige Verfügung beantragen, nur dau-
ert das in der Regel immer einige Zeit. Dann macht es Sinn,
wenn der Mieter die Reparatur selbst in die Hände nimmt und
von sich aus die Handwerker bestellt. Der Vermieter muss die
Kosten ersetzen. Grundsätzlich muss er sogar Beträge, die der
Mieter vorgestreckt hat, verzinsen. Außerdem hat der Mieter
Anspruch auf Vorschuss (BGH WuM 2008, 476). So könnte
der Mieter die Reparatur selbst veranlassen und vom Vermieter Vorschuss in Höhe der voraussichtlich anfallenden Kosten
verlangen.

Selbstbeseitigung, Anspruch auf Vorschuss

Mängelanzeige: Wohnung Hauptstr. 20, 1. Etage, links

... trotz Mängelanzeige und Fristsetzung haben Sie sich bis heute nicht
gemeldet und sich auch nicht um die Beseitigung der zuletzt mit Schreiben
vom ..... dargestellten Mängel gekümmert.

Sie befinden sich mit der erforderlichen Mängelbeseitigung in Verzug.
Ich werde nunmehr selbst eine Fachfirma mit den notwendigen Arbeiten
beauftragen.

Insoweit habe ich Anspruch auf einen angemessenen Vorschuss. Nach
Auskunft der zu beauftragenden Firma werden sich die Kosten für die
Mängelbeseitigung voraussichtlich auf 2.000 Euro belaufen.

Ich fordere Sie deshalb auf, bis zum .... 2.000 Euro auf mein Konto
bei der (Bank, Kontonummer, Bankleitzahl) zu überweisen.

Sollte der Vorschussbetrag nicht pünktlich bei mir eingehen, sehe ich mich
gezwungen, meinen Anspruch gerichtlich geltend zu machen.

Der Mieter kann den Vorschuss einklagen oder mit den laufenden Mietzahlungen verrechnen (AG Lüdenscheid WuM 91, 582). Der Vermieter aber darf eigene Gegenansprüche nicht mit dem Vorschussanspruch des Mieters verrechnen (LG Kleve WuM 89, 14).

Erforderliche Aufwendungen

Ersetzen muss der Vermieter aber nur die „erforderlichen" Aufwendungen, also das, was nach Auskunft von Fachleuten geeignet und notwendig ist. Kann ein undichtes Fenster abgedichtet werden, darf der Mieter selbstverständlich nicht auf Kosten des Vermieters ein neues Fenster einbauen lassen.

Schwierig kann es werden, wenn der Mieter zum Beispiel die Reparatur des Warmwasserboilers erfolglos angemahnt hat, sich dann aber herausstellt, dass der Boiler nicht mehr zu reparieren ist, sondern ausgetauscht werden muss.

Das Landgericht Itzehoe (WuM 88, 87) hält den Mieter für berechtigt, auch den Austausch in Auftrag zu geben, zumal wenn im Monat Dezember das Warmwasser in der ganzen Wohnung ausgefallen und wenn weiteres Abwarten unzumutbar ist. Dagegen meint das Landgericht Hamburg (WuM 88, 87), der Mieter müsse den Vermieter noch einmal mahnen. Reparatur und Austausch seien „zwei Paar Schuhe", der Mieter müsse auch den Austausch anmahnen. Allerdings handelte es sich hier nicht um einen „Notfall", weil der Boiler im Bad nicht die einzige Warmwasserquelle in der Wohnung war.

Beauftragung durch Mieter

Liegt ein dringender Notfall vor – Heizung und Warmwasser fallen im Winter aus – und können weder Vermieter noch Verwalter erreicht werden, darf der Mieter die Reparatur selbst in Auftrag geben und den Rechnungsbetrag vom Vermieter zurückfordern (LG Berlin WuM 89, 15; AG Lörrach WuM 90, 204; AG Stuttgart-Bad Cannstatt WuM 90, 206). Denn er hat Anspruch darauf, dass die ausgefallene Wasserversorgung noch am Wochenende repariert wird (LG Berlin MM 94, 175).

KÜNDIGUNGSRECHT

Im Extremfall berechtigen Mängel und Fehler den Mieter sogar zur fristlosen Kündigung.

GESUNDHEITSGEFÄHRDUNG

03

Gefährden Fehler oder Mängel der Wohnung die Gesundheit der Bewohner, kann der Mieter fristlos kündigen. Das Kündigungsrecht steht dem Mieter nicht erst zu, wenn der Gesundheitsschaden schon eingetreten ist. Es reicht, wenn die Gesundheit bedroht ist, ein Schaden, zum Beispiel Krankheit, möglich und naheliegend ist (LG Lübeck ZMR 2002, 431). Dass die Gesundheit in der Wohnung tatsächlich gefährdet ist, muss der Mieter beweisen (LG Mannheim WuM 88, 360). Die Gefahr liegt aber etwa bei völliger Durchfeuchtung (AG Flensburg WuM 96, 616), mehrere Zentimeter hoch stehendem, mit Schlamm und Fäkalien durchsetztem Abwasser, Hochwasser (AG Köln WuM 97, 261) und Nichtbeheizbarkeit der (unbewohnbaren) Wohnung (AG Regensburg WuM 88, 361) und erheblichem Schimmelbefall (LG Duisburg NZM 2002, 214) auf der Hand.

Gesundheitliche Gefährdungen

Mehrmaliger Heizungsausfall bei minus 20° Celsius Außentemperatur, Wohnung weist deutlich überhöhte Formaldehydkonzentration auf. In beiden Beispielen brauchen Mieter nicht zu warten, bis sie eine Lungenentzündung bekommen (AG Waldbröl WuM 86, 337) oder erste Vergiftungserscheinungen auftreten (AG Köln WuM 87, 120), sie können sofort kündigen. Gesundheitsbeeinträchtigungen durch Holzschutzmittel in der Holzdecke der Mietwohnung berechtigen ebenfalls zur fristlosen Kündigung (AG Stade WuM 2000, 417), ebenso der Einsatz von Insektenbekämpfungsmitteln, die für Wohnraum nicht geeignet sind (AG Trier WuM 2001, 486), oder in erheblichem Umfang auftretender Schimmelpilz (LG Duisburg NZM 2002, 214).

Als „Gesundheitsgefährdung" stuft das Amtsgericht Köln (WuM 98, 21) auch gravierende Lärmbelästigungen über einen längeren Zeitraum aus der Nachbarwohnung ein.

Fristlose Kündigung wegen Gesundheitsgefährdung

Fristlose Kündigung: Wohnung Hauptstr. 20, 1. Etage, links

... hiermit kündige ich das oben genannte Mietverhältnis wegen drohender Gesundheitsgefährdungen fristlos.

Nachdem auch in diesem Winter die Heizung immer wieder ausfällt und Sie sich nach eigenen Angaben nicht in der Lage sehen, die Kosten einer sach- und fachgerechten Reparatur kurzfristig zu übernehmen, ist eine Fortsetzung des Mietverhältnisses für mich unzumutbar.

Zurzeit betragen die Temperaturen in der Wohnung 15 bis 16 Grad Celsius. Bei diesen Temperaturen – und angesichts der noch bevorstehenden Wintermonate – drohen mir in dieser Wohnung ernsthafte Erkrankungen.

Detaillierte Begründung

Die schriftliche Kündigung muss nicht nur den Kündigungsgrund „Gesundheitsgefahr" nennen, sondern im Einzelnen darlegen, warum ein Verbleiben in der Wohnung nicht mehr möglich ist. Die Umstände, aus denen sich die Gesundheitsgefahren ergeben, müssen ebenfalls genannt werden. Offensichtlich übertriebene oder gar unsinnige Behauptungen, wie „patschnasse Schlafzimmer" oder „Haus in keinster Weise isoliert", reichen nicht aus (LG Waldshut-Tiengen WuM 89, 175).

NICHTGEWÄHRUNG DES GEBRAUCHS

Liegen so erhebliche Mängel oder Fehler der Mietsache vor, dass der Vermieter nicht in der Lage ist, dem Mieter den vertragsgemäßen Gebrauch der Mietwohnung zu gewähren, kann der Mieter ebenfalls fristlos kündigen.

Erhebliche Mängel

Völliger Heizungsausfall während der Wintermonate (LG Hamburg WuM 76, 10). Oder eine ungenügende Beheizung, wenn im Wohnzimmer keine höhere Temperatur als 17° Celsius erreicht werden kann (LG Landshut WuM 89, 175). Feuchtigkeitsschäden mit Schimmelpilzbefall (LG Kassel WuM 88, 109). Nächtliche Ruhestörungen durch lautstarke Auseinandersetzungen der Nachbarn (LG Duisburg WuM 88, 264). Eine gegenüber der vereinbarten um mehr als 10 Prozent niedrigere Wohnfläche (BGH WuM 2009, 349).

03

FRIST ZUR ABHILFE

Eine Kündigung ist erst zulässig, wenn der Mieter dem Vermieter eine angemessene Frist zur Beseitigung der Störung gesetzt und der Vermieter nach deren Ablauf immer noch nicht reagiert hat. Das gilt grundsätzlich auch dann, wenn es um eine Gesundheitsgefährdung geht (BGH WuM 2010, 352; WuM 2007, 319).

Ausnahmen: Keine Fristsetzung ist nötig,

- bei einem sogenannten Interessenwegfall des Mieters, wenn etwa eine Erfolg versprechende Reparatur der Heizung nicht mehr zu erwarten ist, Reparaturversuche in der Vergangenheit gescheitert sind (KG Berlin NZM 2002, 69; LG Saarbrücken WuM 95, 159);
- wenn der Vermieter jegliche Abhilfe ernstlich und endgültig ablehnt (BGH WuM 2007, 570);
- wenn Abhilfe überhaupt nicht möglich ist oder übermäßig lange dauern würde. Beispiel:

Tipp

Bei der Fristsetzung ist es nicht erforderlich, einen konkreten Termin zu nennen; es genügt, wenn der Mieter die „umgehende Mängelbeseitigung" verlangt (BGH WuM 2009, 580). Bei der Mahnung muss der Mieter darauf achten, dass die Behebung bestimmter, genau bezeichneter Mängel gefordert wird (OLG Naumburg WuM 2000, 246). Nach Auffassung des Oberlandesgerichts Hamm (NJW RR 1991, 1035) muss der Mieter, der zuvor nur eine Frist zur Mängelbeseitigung gesetzt hat, nach deren Ablauf vor der Kündigung noch eine erneute Frist setzen. Dies ist jedoch nicht erforderlich, wenn er die Kündigung von Anfang an angedroht hatte.

gesundheitsgefährdender Schimmelpilzbefall (LG Duisburg NZM 2002, 214); zu geringe Wohnfläche (BGH WuM 2009, 349).

Der Mieter muss, nachdem er den Kündigungsgrund kennt, eine eventuelle Kündigung innerhalb einer angemessenen Frist erklären (BGH WuM 2010, 352). Wurde dem Vermieter vergeblich eine Frist zur Mängelbeseitigung gesetzt, ist eine Kündigung zwei Monate nach deren Ablauf zu spät (LG Berlin NZM 2002, 214). Wenn sich dann aber der Mangel unzumutbar verschlechtert, lebt das Kündigungsrecht wieder auf (KG Berlin NZM 2002, 69). Allein die Tatsache, dass der Mieter ohne Vorbehalt die Miete weiter gezahlt hat, beseitigt nicht sein Recht, wegen gravierender Mängel fristlos zu kündigen (BGH WuM 2007, 72).

Aufwendungen für Umzug

Hat der Mieter das Mietverhältnis wegen „Gesundheitsgefährdung" oder „Nichtgewährung des Gebrauchs" fristlos gekündigt, hat er unter Umständen Anspruch auf Ersatz des Schadens, der ihm durch die Kündigung entstanden ist. Er kann etwa Ersatz für alle mit dem Auszug verbundenen Aufwendungen verlangen (LG Saarbrücken WuM 95, 159; LG Kassel WuM 82, 188). Dazu zählen insbesondere die Kosten des Umzugs und Kosten für neue Teppichböden beziehungsweise Gardinen (LG Kassel WuM 82, 188), außerdem Kosten für Zeitungsanzeigen, Maklerprovision und unter Umständen Anwaltskosten (LG Saarbrücken WuM 91, 91; LG Mannheim ZMR 91, 108; LG Hamburg WuM 89, 285) oder Renovierungskosten für die neue, abgewirtschaftete Wohnung (LG Essen WuM 89, 372) oder die Differenz zwischen der bisherigen (niedrigen) und der zukünftigen (höheren) Miete. Vorausgesetzt, beide Wohnungen sind vergleichbar (LG Darmstadt WuM 95, 165; LG Saarbrücken WuM 95, 173).

20 GRUNDREGELN FÜR MIETER IM ÜBERBLICK

Wer Wohnungsmängel korrekt anzeigen und Mietminderungen vornehmen will, muss die wichtigsten Grundregeln des Mietrechts kennen. Von Abhilfe bis Zurückbehaltungsrecht wird Wissenswertes in 20 Fragen und Antworten zusammengefasst.

1. Mängelanzeige und Mängelbeseitigung

Nach dem Gesetz muss der Vermieter dem Mieter die Wohnung in einem ordnungsgemäßen und fehlerfreien Zustand überlassen und während der Mietzeit so erhalten. Treten Fehler und Mängel auf, muss der Vermieter diese beseitigen.

Der Mieter muss den Vermieter informieren, aus Beweisgründen am besten schriftlich, dass Mängel vorliegen. Mit der Aufforderung, Abhilfe zu schaffen, kann der Mieter gleichzeitig Gewährleistungsrechte geltend machen, zum Beispiel die Miete kürzen, also weniger Miete zahlen, solange der Mangel vorliegt.

2. Was sind Mängel?

Ein Mangel liegt vor, wenn die Mietsache so beschaffen ist, dass der Mieter die Wohnung nicht so nutzen kann, wie er es normalerweise erwarten darf. Die Juristen sagen: Wenn der Istzustand der Mietsache (tatsächlicher Zustand der Wohnung) von dem Sollzustand (vertragsgemäßer Zustand) negativ abweicht.

Nicht nur Mängel, die die Mietwohnung selbst betreffen, wie beispielsweise defekte Heizung, undichte Fenster, verstopfte Abflüsse oder Feuchtigkeitsschäden, rechtfertigen eine Mietminderung. Auch Störungen von „außen" können Wohnungsmängel sein, zum Beispiel Lärm aus einer benachbarten Diskothek oder von einer Baustelle.

3. Grund und Ursache spielen keine Rolle

Ob der Vermieter für den Mangel verantwortlich ist, spielt keine Rolle, wenn es um die Zulässigkeit der Mietminderung geht. Entscheidend ist allein, dass ein Mangel vorliegt und der Mieter diesen nicht selbst verschuldet hat.

4. Modernisierung oder Reparatur im Haus

Baumaßnahmen im oder am Haus bringen oft Lärm-, Schmutz- oder sonstige Beeinträchtigungen mit sich. Auch hier kommt eine Mietminderung grundsätzlich in Betracht. Keine Rolle spielt es, dass die Reparaturen notwendig sind, dass die Modernisierung vom Vermieter angekündigt wurde und der Mieter zugestimmt hat. Entscheidend ist allein, dass während der Bauarbeiten Beeinträchtigungen für den Mieter auftreten.

04

Achtung: Im Laufe des Jahres 2012 kann es hier zu einer Gesetzesänderung kommen. Ein Referentenentwurf aus dem Bundesjustizministerium sieht vor, das Mietminderungsrecht bei Baumaßnahmen, die eine energetische Modernisierung zum Ziel haben, für maximal drei Monate vollständig abzuschaffen. Fragen Sie im Zweifel Ihren örtlichen Mieterverein.

5. Kein Antrag und keine Erlaubnis notwendig

Die Miete kann ab dem Zeitpunkt gekürzt werden, zu dem der Vermieter über den Wohnungsmangel informiert wurde, in der Regel aufgrund der Mängelanzeige des Mieters. Der Mieter kann solange weniger Miete zahlen, bis der Mangel beseitigt ist. Das Minderungsrecht wird vom Mieter selbstständig wahrgenommen. Es muss nicht beim Vermieter beantragt werden und ist auch nicht von einer Erlaubnis oder Genehmigung durch den Vermieter abhängig.

6. Unerhebliche Beeinträchtigung

Eine Mietminderung kommt nur in Frage, wenn die Nutzungsmöglichkeit der Wohnung spürbar beeinträchtigt ist. Führt ein Mangel nur zu einer unerheblichen Beeinträchtigung für den Mieter, kann er zwar Abhilfe, das heißt Reparatur, verlangen, nicht aber die Miete kürzen.

7. Kenntnis beim Einzug

Eine Mietminderung ist auch ausgeschlossen, wenn der Mieter den Mangel schon beim Abschluss des Mietvertrags kannte oder wenn er diesen Mangel problemlos hätte erkennen müssen, also grob fahrlässig den Mangel nicht bemerkte.

Konsequenz ist: Wer kommentarlos anmietet, obwohl beispielsweise die alten Fenster blind und verrottet sind, kann wegen dieser Mängel die Miete im Laufe der Mietzeit nicht mindern. Anders, wenn der Vermieter den Mangel arglistig verschwiegen hat oder der Mangel beim Abschluss des Mietvertrags gar nicht hätte erkannt werden können, zum Beispiel Vertragsabschluss im August und defekte Heizung.

8. Anstandslose Weiterzahlung der Miete

Tritt der Mangel während der Mietzeit auf oder erkennt der Mieter während des Mietverhältnisses einen Mangel und zahlt er trotzdem anstandslos weiter die volle Miete, verliert er dadurch nicht das Recht zu einer künftigen Mietminderung. Eine Mietminderung für die Vergangenheit kommt allenfalls in Betracht, wenn sich der Mieter entsprechende Rückforderungen vorbehalten hat.

Alle Probleme in diesem Zusammenhang umgeht, wer den Mangel sofort nach Entdeckung beim Vermieter anzeigt, die Reparatur verlangt und erklärt, er zahle bis auf Weiteres die volle Miete nur unter Vorbehalt. Passiert dann immer noch nichts, muss der Mieter aber von seinem Mietminderungsrecht auch Gebrauch machen.

9. Minderung bei zugesicherten Eigenschaften

Das Mietminderungsrecht besteht auch dann, wenn der Vermieter Eigenschaften der Wohnung zugesichert hat, diese aber fehlen oder später wegfallen. Hat der Vermieter beim Abschluss des Mietvertrags versprochen und beispielsweise schriftlich festgehalten, dass die alten Kacheln im Bad ausgetauscht werden, und geschieht dann nichts, kann der Mieter die Miete kürzen. Keine Rolle spielt es, ob die alten Kacheln in Ordnung waren oder nicht.

10. Wiederaufleben des Mietminderungsrechts

Das eigentlich „verlorene" Recht zur Mietminderung, beispielsweise wegen der Kenntnis des Mangels der Mietsache,
kann wieder aufleben, und zwar nach einer Mieterhöhung
des Vermieters. Hier ist davon auszugehen, dass durch eine
höhere Miete die Grundlage des Mietvertrags, das heißt das
Gleichgewicht zwischen Leistung und Gegenleistung, geändert wird und deshalb nach einer Mieterhöhung dem Mieter
das Mietminderungsrecht wieder zusteht.

04

11. Höhe der Minderung und Berechnung

Die Höhe der Mietminderung richtet sich grundsätzlich nach
dem Umfang der Beeinträchtigung des vertragsgemäßen Gebrauchs. Im Klartext: Je stärker sich die Mängel auswirken,
desto mehr darf die Miete gekürzt werden.

Aber: Die Höhe einer Mietminderung ist nicht exakt festge-
legt, sie kann nicht mathematisch genau berechnet werden.
Der Mieter muss letztlich kritisch einschätzen, wie stark die
Beeinträchtigung durch den festgestellten Mangel ist.

12. Von welcher Miete wird gemindert?

Die jahrelang umstrittene Frage, welche Miete Grundlage für
die Mietminderung ist, ist durch den Bundesgerichtshof entschieden worden. Gemindert wird immer von der sogenannten
Bruttomiete, das ist die Miete inklusive Betriebskosten beziehungsweise zuzüglich aller Betriebskostenvorauszahlungen.

13. Mietminderungslisten

Vorsicht vor Mietminderungslisten. Es gibt keinen festen oder
verbindlichen Minderungssatz für bestimmte Wohnungsmängel. Die im Internet, in Zeitschriften, Broschüren oder auch
in diesem Ratgeber aufgeführten Gerichtsurteile mit Minde-
rungsgründen und -quoten sind Beispiele und dienen als Orientierung. Im Einzelfall ist eine andere Beurteilung des örtli-

chen Gerichts denkbar. Im Zweifel sollte man sich hier immer beim örtlichen Mieterverein beraten lassen.

14. Vertragsklausel

Das Mietminderungsrecht des Mieters kann nicht durch den Mietvertrag ausgeschlossen werden. Egal, was im Mietvertrag steht – die gesetzlichen Rechte dürfen nicht erschwert oder eingeschränkt werden. Anders lautende Vertragsklauseln und Vereinbarungen sind null und nichtig. Das bestimmt das Gesetz. Steht beispielsweise im Mietvertrag, „die Mietminderung ist vorher anzukündigen", ist das unwirksam. Hat der Mieter den Wohnungsmangel angezeigt, kann er die Miete kürzen. Er muss dem Vermieter nicht mitteilen, dass er die Miete kürzen will.

15. Kündigung droht nicht

Auch wenn der Mieter über mehrere Monate hinweg die Miete wegen Wohnungsmängeln kürzt, braucht er keine Kündigung zu fürchten. Die Kündigung wegen Nichtzahlung der Miete setzt ein Verschulden des Mieters voraus. Ein Irrtum über den Minderungsumfang hat der Mieter normalerweise nicht zu vertreten, es sei denn, die Mietminderung entbehrt jeglicher Grundlage, der Minderungssatz ist völlig abwegig oder der Mieter mindert, ohne irgendeinen Rechtsrat eingeholt zu haben.

16. Erfüllungs- oder Reparaturanspruch

Mängel oder Fehler der Mietwohnung muss der Vermieter abstellen. Nachdem der Mieter ihn über den Mangel informiert und eine Frist zur Durchführung der Reparaturen gesetzt hat, kann er auf Mängelbeseitigung klagen, wenn der Vermieter nicht tätig wird.

17. Zurückbehaltungsrecht

Hat der Mieter den Vermieter ergebnislos aufgefordert, den Mangel zu beseitigen, kann der Mieter auch die Miete zurückbehalten. Das Zurückbehaltungsrecht ist ein reines Druckmittel gegen den Vermieter, den Mangel endlich abzustellen. Hat der Vermieter den Mangel beseitigt, muss die zurückbehaltene Miete nachgezahlt werden. Mieter können gleichzeitig die Miete mindern und einen weiteren Teil der Miete zurückbehalten. Sinnvoll kann es sein, rein vorsorglich von dem Zurückbehaltungsrecht Gebrauch zu machen, vor allem in Fällen, in denen sich der Mieter über die Höhe einer angemessenen Mietminderung noch nicht im Klaren ist.

04

18. Selbstbeseitigungsrecht

Der Mieter hat das Recht, den Mangel selbst zu beseitigen, wenn sich der Vermieter mit der Mängelbeseitigung in Verzug befindet. Das ist der Fall, wenn der Vermieter trotz Mängelanzeige und Fristsetzung beziehungsweise Mahnung nichts unternommen hat. Der Mieter kann dann die Handwerker auf eigene Kosten bestellen, die notwendigen Reparaturen durchführen lassen und sich dann die Kosten vom Vermieter ersetzen lassen.

19. Sonstige Rechte

In Extremfällen berechtigen schwere Wohnungsmängel, zum Beispiel wenn Gesundheitsgefahren drohen oder der Vermieter den vertragsgemäßen Gebrauch nicht mehr sicherstellen kann, den Mieter auch zur fristlosen Kündigung. Außerdem kommen Schadenersatzansprüche in Betracht, wenn die Wohnungsmängel Schäden verursacht haben.

20. Beratung notwendig

Treten Mängel in der Wohnung auf, muss der Vermieter so schnell wie möglich informiert werden. Geht es dann um die Frage, welche Ansprüche Mieter stellen können, sollte der örtliche Mieterverein eingeschaltet werden. Eine Beratung, ob neben dem Reparatur- oder Beseitigungsanspruch die Miete gemindert und/oder zurückbehalten werden soll und, wenn ja, in welchem Umfang, ist immer notwendig.

05

ANHANG

Wichtige BGH-Urteile, eine Checkliste für die Mietminderung, Lärm- und Heizprotokolle sowie eine Übersicht der Anlaufstellen für Mietrechtsberatung helfen bei der Durchsetzung von Mieterrechten.

BGH-URTEILE

Die wichtigsten Urteile des Bundesgerichtshofs zu Gewähr-
leistung und Mietminderung:

Mieterrechte

Ist die Wohnung tatsächlich mehr als zehn Prozent kleiner als
im Mietvertrag angegeben, kann der Mieter die Miete mindern, fristlos kündigen und/oder Rückzahlung zu viel gezahlter
Mieten fordern (BGH VIII ZR 142/08).

05

Minderungshöhe

Der Höhe nach ist die Mietminderung entsprechend der prozentualen Flächenabweichung gerechtfertigt (BGH VIII ZR
295/03).

Wohnungsgröße

Ein Wohnungsmangel liegt vor, wenn die tatsächliche Wohnungsgröße mehr als zehn Prozent unter der im Mietvertrag
angegebenen Fläche liegt. Die Mieter sind berechtigt, die vertraglich geschuldete Miete zu mindern und Rückzahlung der
in der Vergangenheit zu viel gezahlten Miete zu fordern (BGH
VIII ZR 133/03).

Berechnungsgrundlage

Die Ermittlung der Wohnfläche richtet sich nach der II. Berechnungsverordnung bei Vertragsabschlüssen bis zum 31.
Dezember 2003 bzw. nach der Wohnflächenverordnung bei
Vertragsabschlüssen seit dem 1. Januar 2004. Es sei denn,
Mieter und Vermieter hätten im Mietvertrag ausdrücklich etwas anderes vereinbart oder eine andere Berechnungsweise
ist vor Ort üblich (BGH VIII ZR 86/08).

Mietminderung

Bei der Berechnung einer Mietminderung ist von der vereinbarten Bruttowarmmiete auszugehen. Das ist die Grundmiete

plus Vorauszahlungen für die Betriebs- und Heizkosten (BGH VIII ZR 225/03 und 347/04).

Umfang der Mietminderung

Die Höhe der Mietminderung muss der Mieter selbst einschätzen. Selbst wenn die von Mietern durchgeführte Minderung objektiv zu hoch war, droht allenfalls die Nachzahlung der Miete, aber keine Kündigung. Die Kündigung des Vermieters setzt ein Verschulden des Mieters voraus. Wer irrtümlich zu viel mindert oder aus bloßer Unkenntnis den Minderungsumfangs falsch bestimmt, dem kann und darf nicht gekündigt werden. Das haben das Bundesverfassungsgericht (1 BvR 1428/88) und der Bundesgerichtshof (BGH XII ZR 254/95) entschieden.

Mietminderung und Betriebskosten

Grundlage für die Mietminderung ist die Bruttomiete, inklusive der Betriebskosten. Konsequenz ist, dass eine eventuelle Nachzahlungsforderung des Vermieters aus der jährlichen Betriebskostenabrechnung anteilig gekürzt werden kann (BGH VIII ZR 223/10).

Altmängel

Der Mieter verliert sein Recht zur Mietminderung nicht automatisch sechs Monate nach Auftreten des Mangels, auch dann nicht, wenn er in dieser Zeit die Miete anstandslos weiter gezahlt hat oder wenn er seinen Vermieter erst nach sechs Monaten informiert, dass ein Mangel vorliegt (BGH VIII ZR 274/02).

Nachforderungen

Insbesondere, wenn der Vermieter der Mietminderung des Mieters mehrfach widersprochen und er zu erkennen gegeben hat, dass er sie nicht akzeptiert, kann er auch noch nach 27 Monaten Miete nachfordern (BGH VIII ZR 171/03).

Mindeststandard

Auch eine nicht modernisierte Altbauwohnung muss einem Mindeststandard genügen, der ein zeitgemäßes Wohnen ermöglicht. Dazu gehört, dass ein größeres Haushaltsgerät, wie Waschmaschine oder Geschirrspüler, und weitere haushaltstypische Elektrogeräte, wie etwa ein Staubsauger, gleichzeitig genutzt werden können (BGH VIII ZR 281/03).

05

Elektroversorgung

Auch Mieter einer nicht modernisierten Altbauwohnung haben Anspruch auf eine Elektroversorgung, die sicherstellt, dass mehrere Haushaltsgeräte gleichzeitig genutzt werden können, z.b. Waschmaschine und Staubsauger. Einschränkungen im Mietvertrag sind unzulässig (BGH VIII ZR 343/08).

Mobilfunk

Die von einer Mobilfunkanlage ausgehenden elektronischen Felder müssen geduldet werden, sind kein Mangel, solange die Grenzwerte der 26. Bundesimmissionsschutzverordnung eingehalten werden (BGH V ZR 217/03).

Stromsperre

Hat der Stromversorger wegen Zahlungsrückständen des Mieters die Stromlieferung gesperrt und den Stromzähler ausgebaut, kann der Mieter nicht gegenüber dem Vermieter die Miete mindern mit dem Argument, die Gebrauchstauglichkeit der Wohnung sei eingeschränkt. Der Mangel ist hier der Sphäre des Mieters zuzurechnen (BGH VIII ZR 113/10).

Fogging

Treten Schwarzverfärbungen (Fogging) beim normalen Gebrauch der Wohnung auf, hat der Mieter diesen Mangel nicht zu vertreten. Der Vermieter ist zur Beseitigung des Mangels verpflichtet (BGH VIII ZR 271/07).

Schadenersatz bei Fogging

Schadenersatz wegen Foggings kann der Mieter nur fordern, wenn er ein Verschulden des Vermieters nachweisen kann. Stammt die Ursache des Foggings aus dem Herrschaftsbereich des Vermieters, ist er beweispflichtig (BGH VIII ZR 223/04).

Trittschall

Mieter haben kein Recht zur Mietminderung wegen Mängeln der Trittschalldämmung, wenn die geltenden DIN-Vorschriften eingehalten wurden. Maßgeblich sind die DIN-Vorschriften, die zum Zeitpunkt des Hausbaus galten. Sie bestimmen die Anforderungen an den Wohnungsstandard, den Mieter erwarten können, zumindest solange nicht ausdrücklich etwas anderes im Mietvertrag vereinbart wurde (BGH VIII ZR 85/09).

Schallschutz bei Hausaufstockung

Grundsätzlich sind die technischen Normen einzuhalten, die zum Zeitpunkt der Errichtung des Gebäudes galten. Wird das Haus Jahrzehnte später um ein weiteres Geschoss aufgestockt, muss die aktuell geltende DIN-Norm eingehalten werden (BGH VIII ZR 355/03).

Schallschutz

Es liegt kein Mangel vor, wenn der Trittschallschutz der zurzeit der Errichtung des Gebäudes geltenden DIN-Norm entspricht. Das gilt auch dann, wenn während der Mietzeit in der darüber gelegenen Wohnung der Fußbodenbelag ausgetauscht wird und sich hierdurch der Schallschutz verschlechtert (BGH VIII ZR 131/08).

Beweislast

Der Vermieter muss beweisen, dass die Ursachen des Mangels nicht aus seinem Pflichten- und Verantwortungsbereich stammen, sondern aus dem Herrschafts- und Obhutsbereich des Mieters. Gelingt ihm dieser Nachweis, muss der Mieter beweisen, dass er den Mangel nicht zu vertreten hat (BGH XII ZR 272/97).

Urkundsprozess

Der Vermieter ist berechtigt, Mietzahlungen im Wege des Urkundsprozesses einzuklagen. Er kann sich dafür auf den Mietvertrag, das Wohnungsübergabeprotokoll und Kontoauszüge stützen, aus denen sich ergibt, dass die Miete zunächst ungemindert gezahlt worden ist (BGH VIII ZR 266/08 und BGH VIII ZR 216/04).

05

Kein Urkundsprozess

Mietrückstände infolge von Mietminderungen kann der Vermieter nicht im Urkundsprozess durchsetzen, wenn der Mieter anhand eines Wohnungsübergabeprotokolls oder eines Vermieterschreibens mit Mängelbeseitigungszusage nachweist, dass Mängel existierten (BGH VIII ZR 111/09).

Eigentümerwechsel

Befindet sich der Vermieter mit der Beseitigung des Wohnungsmangels in Verzug und verkauft er das Haus oder die Wohnung, gilt die Verzugslage gegenüber dem neuen Vermieter weiter (BGH VIII ZR 22/04).

Ersatz

Vergibt der Mieter eigenständig Reparaturaufträge, kann er keine Kostenerstattung von seinem Vermieter verlangen. Voraussetzung hierfür wäre unter anderem, dass der Vermieter vorab ergebnislos aufgefordert und gemahnt worden wäre, die Reparatur bzw. Mängelbeseitigung in der Wohnung durchführen zu lassen (BGH VIII ZR 222/06).

Opfergrenze

Hat das Einfamilienhaus einen Verkehrswert von rund 28.000 Euro, kann der Mieter keine Mängelbeseitigung fordern, die zwischen 47.500 und 95.000 Euro kosten würde. Hier ist die

Opfer- oder Zumutbarkeitsgrenze für den Vermieter überschritten (BGH VIII ZR 131/09).

Zurückbehaltungsrecht

Der Mieter kann erst dann einen Teil der Miete zurückbehalten, nachdem er seinem Vermieter den Wohnungsmangel angezeigt hat (BGH VIII ZR 330/09).

Fristlose Kündigung

Die fristlose Kündigung des Mieters wegen erheblicher Gesundheitsgefährdungen – hier Schimmelpilzbefall – setzt grundsätzlich voraus, dass der Mieter eine angemessene Abhilfefrist gesetzt oder den Vermieter insoweit abgemahnt hat. Anders, wenn zum Beispiel die Abmahnung offensichtlich keinen Erfolg verspricht (BGH VIII ZR 182/06).

Verjährung Mieteransprüche

Mieteransprüche auf Mängelbeseitigung sind unverjährbar, entschied der Bundesgerichtshof (BGH VIII ZR 104/09). Die Karlsruher Richter erklärten, dass der Anspruch eines Mieters auf Mängelbeseitigung ein „auf dauernde Leistung gerichteter Erfüllungsanspruch ist, der grundsätzlich nicht verjährt".

CHECKLISTE MIETMINDERUNG

05

Mietminderungsgrund

☐ Wohnungsmangel ist erst während der Mietzeit aufgetreten

☐ Wohnungsmangel war von Anfang an vorhanden, bei Anmietung nicht zu entdecken

☐ vom Vermieter zugesicherte Eigenschaft fehlt

Mietminderung ausgeschlossen

☐ Vermieter weiß nichts von Mängeln, keine Benachrichtigung

☐ Mangel ist nur eine unerhebliche Beeinträchtigung, Mangel ist Mieter schon seit Einzug in die Wohnung bekannt

☐ trotz Mangels jahrelang volle Miete gezahlt

Mietminderung: So geht's!

☐ Vermieter ist informiert, Mängel schriftlich angezeigt

☐ Mängel sind dokumentiert, können bewiesen werden (Fotos, Aussagen von Nachbarn usw.)

☐ Ausgangsmiete für Mietminderung: brutto, d.h. inklusive Nebenkosten

☐ Minderungszeitraum: Von wann bis wann lag der Mangel vor?

☐ Abschätzung der Wohnwertbeeinträchtigung/Berechnung der Mietminderung

☐ Miete kürzen, verrechnen mit der nächsten fälligen Mietzahlung.

  – Dauerauftrag stoppen
  – Einzugsermächtigung widerrufen oder korrigieren
  – gekürzte Miete "per Hand" überweisen

Sonstige Rechte prüfen

☐ Reparatur

☐ Selbsthilfe

☐ Zurückbehaltung

☐ Schadenersatz

☐ Kündigung

Termin beim Mieterverein geben lassen.

LÄRMPROTOKOLL

Lärm, beispielsweise aus Nachbarwohnungen oder wegen Bauarbeiten im Haus, können Wohnungsmängel sein und den Mieter zu einer Mietminderung berechtigen.

Voraussetzung ist, dass der Mieter die Lärmstörungen beweisen kann. Um den Umfang der Mietminderung zu bestimmen, kommt es entscheidend auf die Häufigkeit, Dauer und Intensität des Lärms an.

Deshalb ist es sinnvoll, in einem Lärmprotokoll die einzelnen Vorfälle und Geräusche möglichst wie im Beispiel unten genau zu beschreiben und festzuhalten.

Datum	Uhrzeit von - bis	Vorfall	Zeugen
29.2./1.3.2012	22 bis 3 Uhr	lautstarkes Feiern, Tanzen in der über mir gelegenen Wohnung, Musik „voll" aufgedreht.	Familie Meier, Nachbarn
5.3.2012	17 bis 20 Uhr	In der über mir gelegenen Wohnung wird lautstark Schlagzeug gespielt und dazu gesungen.	Fritz Müller, Bekannter
7.3./8.3.2012	24 bis 4 Uhr	lautstarke Auseinandersetzung in der über mir gelegenen Wohnung, Geschrei, offensichtlich werden Möbel umgestoßen usw. Die Polizei wurde verständigt.	Polizeiobermeister Schmitz

PROTOKOLL HEIZUNGSMÄNGEL/ ZIMMERTEMPERATUREN

Grundsätzlich muss die Wohnung mindestens 20 bis 22 Grad Celsius warm werden. Werden diese Temperaturen nicht erreicht, liegt ein Mangel vor. Der Mieter kann die Miete mindern. Bei der Ermittlung der Minderungsquote kommt es darauf an, welche Zimmertemperaturen in welchen Räumen bei welcher Außentemperatur erreicht wurden. Zur Dokumentation kann eine Tabelle hilfreich sein.

05

Datum	Uhrzeit	Außentemperatur in Grad Celsius	Innentemperaturen in Grad Celsius, 1 Meter Höhe, Zimmermitte					Zeuge
			Wohnzimmer	Schlafzimmer	Kinderzimmer	Küche	Bad	
4.1.2012	20 Uhr	- 2	17	17	17	18	18	Fritz Maier, Nachbar
5.1.2012	20 Uhr	- 4	16	16	16	17	17	Fritz Maier, Nachbar
6.1.2012	20 Uhr	- 5	16	15	16	17	17	Fritz Maier, Nachbar

RECHTSBERATUNG IM DEUTSCHEN MIETERBUND

PERSÖNLICHE BERATUNG

Ausführliche und konkrete Rechtsberatung in einem persönlichen Gespräch erhalten Sie bei einem der 320 Mietervereine an mehr als 500 Standorten in Deutschland. Die Mitgliedschaft in einem örtlichen Mieterverein kostet etwa 40 bis 80 Euro im Jahr. Den nächstgelegenen DMB Mieterverein finden Sie im Internet unter www.mieterbund.de oder über den jeweiligen Landesverband:

DMB Landesverband Baden-Württemberg e.V.
Tel. (07 11) 23 60 60-0, Fax (07 11) 23 60 60-2
www.mieterbund-bw.de
info@mieterbund-bw.de

DMB Landesverband Bayern e.V.
Tel. (0 89) 8 90 57 38-0, Fax (0 89) 8 90 57 38-11
www.mieterbund-landesverband-bayern.de
info@mieterbund-landesverband-bayern.de

Berliner Mieterverein e.V., Landesverband im DMB
Tel. (0 30) 2 26 26-0, Fax (0 30) 2 26 26-161
www.berliner-mieterverein.de
bmv@berliner-mieterverein.de

DMB Mieterbund Land Brandenburg e.V.
Tel. (03 31) 95 10 89-0, Fax (03 31) 27 97 60 59
www.mieterbund-brandenburg.de
info@mieterbund-brandenburg.de

Mieterverein zu Hamburg von 1890 r.V.
Landesverband im DMB
Tel. (0 40) 8 79 79-0, Fax (0 40) 8 79 79-120
www.mieterverein-hamburg.de
info@mieterverein-hamburg.de

DMB Landesverband Hessen e.V.
Tel. (06 11) 4 11 40 50, Fax (06 11) 41 14 05 29
www.mieterbund-hessen.de
info@mieterbund-hessen.de

DMB Landesverband Mecklenburg-Vorpommern e.V.
Tel. (03 81) 3 75 29 20, Fax (03 81) 3 75 29 29
www.mieterbund-mvp.de
post@mieterbund-mvp.de

DMB Landesverband Niedersachsen-Bremen e.V.
Tel. (05 11) 1 21 06-0, Fax (05 11) 1 21 06-16
www.dmb-niedersachsen-bremen.de
info@dmb-niedersachsen-bremen.de

Deutscher Mieterbund Nordrhein-Westfalen e.V.
Tel. (02 11) 58 60 09-0, Fax (02 11) 58 60 09-29
www.dmb-nrw.de
mieter@dmb-nrw.de

05

DMB Landesverband Rheinland-Pfalz e.V.
Tel. (02 61) 1 76 09, Fax (02 61) 1 76 73
www.mieterbund-rhpl.de
dmb-rhpl@gmx.de

DMB Landesverband Saarland e.V.
Tel. (06 81) 3 21 48, Fax (06 81) 3 90 83 85
www.mietrecht-saar.de
info@mieterbund-sb.de

DMB Landesverband Sachsen e.V.
Tel. (03 51) 8 66 45-66, Fax (03 51) 8 66 45-11
www.mieterbund-sachsen.de
landesverband-sachsen@mieterbund.de

DMB Landesverband Sachsen-Anhalt e.V.
Tel. (03 45) 2 02 14 67, Fax (03 45) 2 02 14 68
www.mieterbund-sachsen-anhalt.de
info@mieterbund-sachsen-anhalt.de

DMB Landesverband Schleswig-Holstein e.V.
Tel. (04 31) 9 79 19-0, Fax (04 31) 9 79 19-31
www.mieterbund-schleswig-holstein.de
info@mieterbund-schleswig-holstein.de

DMB Landesverband Thüringen e.V.
Tel. (03 61) 5 98 05-0, Fax (03 61) 5 98 05-20
www.mieterbund-thueringen.de
info@mieterbund-thüringen.de

TELEFON-HOTLINE

Täglich von 10 bis 20 Uhr bietet der Deutsche Mieterbund eine telefonische Erst- oder Kurzberatung auch für Nichtmitglieder unter Tel. Nr.: 0900-1-20 00 12 an (2 Euro pro Minute aus dem deutschen Festnetz; ab der zweiten Minute wird sekundengenau abgerechnet). Über Mobilfunknetze oder regionale Anbieter ist die Hotline nicht erreichbar.

MIETERBUND24 – DIE DMB ONLINE-BERATUNG

Tipp

Beachten Sie die Hinweise auf mieterbund24.de, welche Fragen für die Online-Beratung geeignet sind und welche nicht.

Unter www.mieterbund24.de findet man eine schnelle Onlinehilfe des Deutschen Mieterbundes bei allen Mietrechtsfragen. Die Antwort kostet 25 Euro und kommt innerhalb von sechs Stunden. Vorausgesetzt, die Anfrage wird montags bis freitags zwischen 8 und 14 Uhr gestellt. Später eingehende oder Anfragen am Wochenende werden bis 14 Uhr des nächsten Werktags beantwortet.

WWW.MIETERBUND.DE – INFORMATIONEN, TIPPS UND VIELE NÜTZLICHE HINWEISE

Auf den Internetseiten des Deutschen Mieterbundes, www. mieterbund.de finden Sie immer die aktuellen Urteile und Informationen zur Rechtsprechung des Bundesgerichtshofs oder zu politischen Entscheidungen. Daneben gibt es hunderte von Tipps und Ratschlägen rund um das Mietrecht.

WER KANN BEI MÄNGELN AUSSERDEM NOCH WEITERHELFEN?

Ergänzend oder im Vorfeld der Beratungen durch einen örtlichen DMB-Mieterverein kann auch eine der folgenden Behörden oder Organisationen eingeschaltet werden:

Verbraucherzentralen

Wenn es beispielsweise darum geht, Ursachen für Feuchtigkeitsschäden zu suchen oder wenn Umweltgifte zu Problemen werden und unter Umständen Schadstoffe festgestellt und bestimmt werden müssen, helfen die Beratungsstellen der Verbraucherzentralen (Adressen siehe S. 197).

05

Ordnungsämter

Immer dann, wenn Haus- und Nachbarschaftslärm Thema sind und die Nachbarn nicht mit sich reden lassen wollen, kann man auch die Ordnungsämter der Städte einschalten. Nachts oder am Wochenende ist die Polizei zuständig und kümmert sich beispielsweise vor allem um Fälle, in denen es um Störung der Nachtruhe geht.

Gesundheitsämter

Formaldehyd, Holzschutzmittel, Asbest oder auch Schimmel in der Wohnung rufen auch die Gesundheitsämter auf den Plan. Vielfach werden hier Messungen angeboten oder zum Beispiel Staubproben untersucht. Daneben beraten und informieren die Ämter und vermitteln Ratsuchende weiter an andere Fachleute.

Umweltämter

Die Ämter sind zuständig für Geruchs- und vor allem für Lärmbelästigungen durch Gewerbebetriebe und technische Anlagen. Die Umweltämter überprüfen zum Beispiel durch Messungen, ob Lärmschutzvorschriften eingehalten werden. Fehlt vor Ort ein Umweltamt, ist in der Regel das Ordnungsamt zuständig.

Bau- und Wohnungsaufsichtsämter

Bei schwerwiegenden Wohnungsmängeln – feuchte Wände, Schimmel, undichtes Dach, Heizungsausfall oder marode Hausfassade und Balkone, die abzustürzen drohen – kann die

Bau- oder Wohnungsaufsicht informiert werden. Die kann dem bisher untätig gebliebenen Vermieter „Beine machen".

Sachverständige

Mitunter werden aber auch Sachverständige benötigt, insbesondere wenn es um Schallschutz oder Umweltgifte geht. Aber Vorsicht, wer einen Sachverständigen beauftragt, muss zunächst einmal auch bezahlen. Ob der Vermieter hierfür Ersatz leisten muss, ist fraglich. Vor Gericht gilt das selbst eingeholte Gutachten als „Parteiengutachten", sodass die Richter im Zweifel einen weiteren Gutachter einschalten werden.

Sachverständige findet man über die örtlichen Industrie- und Handelskammern (IHK) oder über den örtlichen Mieterverein.

Gesellschaft zur Lärmbekämpfung

Auskunft zur technischen Beurteilung und zu Lärmmessungen gibt die Gesellschaft für Lärmbekämpfung e. V., Sauerbruchstr. 23, 14109 Berlin.

VERBRAUCHERZENTRALEN

Verbraucherzentrale Baden-Württemberg e. V.
Paulinenstraße 47, 70178 Stuttgart
Telefon 07 11/66 91 10, Telefax 07 11/66 91-50
www.vz-bawue.de

05

Verbraucherzentrale Bayern e. V.
Mozartstraße 9, 80336 München
Telefon 0 89/5 39 87-0, Telefax 0 89/53 75 53
www.verbraucherzentrale-bayern.de

Verbraucherzentrale Berlin e. V.
Hardenbergplatz 2, 10623 Berlin
Telefon 0 30/2 14 85-0, Telefax 0 30/2 11 72 01
www.verbraucherzentrale-berlin.de

Verbraucherzentrale Brandenburg e. V.
Templiner Straße 21, 14473 Potsdam
Telefon 03 31/2 98 71-0, Telefax 03 31/2 98 71-77
www.vzb.de

Verbraucherzentrale des Landes Bremen e. V.
Altenweg 4, 28195 Bremen
Telefon 04 21/1 60 77-7, Telefax 04 21/1 60 77 80
www.verbraucherzentrale-bremen.de

Verbraucherzentrale Hamburg e. V.
Kirchenallee 22, 20099 Hamburg
Telefon 0 40/2 48 32-0, Telefax 0 40/2 48 32-290
www.vzhh.de

Verbraucherzentrale Hessen e. V.
Große Friedberger Straße 13–17, 60313 Frankfurt/Main
Telefon 0 69/97 20 10-0, Telefax 0 69/97 20 10-40
www.verbraucher-zentrale-hessen.de

Neue Verbraucherzentrale in Mecklenburg und Vorpommern e. V.
Strandstraße 98, 18055 Rostock
Telefon 03 81/2 08 70 50, Telefax 03 81/2 08 70 30
www.nvzmv.de

Verbraucherzentrale Niedersachsen e. V.
Herrenstraße 14, 30159 Hannover
Telefon 05 11/ 9 11 96-0, Telefax 05 11/9 11 96-10
www.verbraucherzentrale-niedersachsen.de

Verbraucherzentrale Nordrhein-Westfalen e. V.
Mintropstraße 27, 40215 Düsseldorf
Telefon 02 11/38 09-0, Telefax 02 11/38 09-172
www.vz-nrw.de

Verbraucherzentrale Rheinland-Pfalz e. V.
Seppel-Glückert-Passage 10, 55116 Mainz
Telefon 0 61 31/28 48-0, Telefax 0 61 31/28 48-66
www.verbraucherzentrale-rlp.de

Verbraucherzentrale des Saarlandes e. V.
Trierer Straße 22, 66111 Saarbrücken
Telefon 06 81/5 00 89-0, Telefax 06 81/5 00 89-22
www.vz-saar.de

Verbraucherzentrale Sachsen e. V.
Brühl 34–38, 04109 Leipzig
Telefon 03 41/69 62 90, Telefax 03 41/6 89 28 26
www.verbraucherzentrale-sachsen.de

Verbraucherzentrale Sachsen-Anhalt e. V.
Steinbockgasse 1, 06108 Halle
Telefon 03 45/2 98 03-29, Telefax 03 45/2 98 03-26
www.vzsa.de

Verbraucherzentrale Schleswig-Holstein e. V.
Andreas-Gayk-Straße 15, 24103 Kiel
Telefon 04 31/5 90 99-0, Telefax 04 31/5 90 99-77
www.verbraucherzentrale-sh.de

Verbraucherzentrale Thüringen e. V.
Eugen-Richter-Straße 45, 99085 Erfurt
Telefon 03 61/5 55 14-0, Telefax 03 61/5 55 14-40
www.vzth.de

Verbraucherzentrale Bundesverband e. V.
Markgrafenstraße 66, 10969 Berlin
Telefon 0 30/2 58 00-0, Telefax 0 30/2 58 00-518
www.vzbv.de

05

STICHWORTVERZEICHNIS

IMPRESSUM

Herausgeber
Verbraucherzentrale Nordrhein-Westfalen e.V.
Mintropstraße 27, 40215 Düsseldorf
Telefon: 02 11/38 09-5 55
Telefax: 02 11/38 09-2 35
Internet: www.vz-nrw.de
E-Mail: publikationen@vz-nrw.de

DMB-Verlag – Verlags- und Verwertungsgesellschaft des
Deutschen Mieterbundes mbH
Littenstraße 10, 10179 Berlin
Telefon: 0 30/2 23 23-0
Telefax: 0 30/2 23 23-100
Internet: www.mieterbund.de
E-Mail: info@mieterbund.de

Autor:	Ulrich Ropertz, Deutscher Mieterbund
Herausgeber:	Dr. Frank Bräutigam
Koordination:	Kathrin Nick
Lektorat:	Dr. Mechthild Winkelmann, Dortmund
Produktion:	bretzinger : media.production, Baden-Baden
Gestaltungskonzept:	Ute Lübbeke, Köln, www.LNT-design.de
Umschlaggestaltung:	Groothuis, Lohfert, Consorten – Gesellschaft für Formfindung und Sinneswandel mbH, Hamburg
Umschlagfoto:	plainpicture/PhotoAlto
Druck/Bindung:	Kraft Druck GmbH, Ettlingen
	Gedruckt auf 100 Prozent Recyclingpapier

MIETNEBENKOSTEN

Abrechnung prüfen – Rechte kennen – Betriebskosten senken

Rund 30 Millionen Betriebskosten-
abrechnungen werden jährlich in
Deutschland verschickt. Kein Wunder,
dass Probleme mit Mietnebenkosten
bei den Mietervereinen schon seit
Jahren das Rechtsberatungsthema
Nummer eins sind. Dieser praxisnahe
Ratgeber informiert über die wesentlichen Rechte und Pflichten rund um
dieses brisante Thema.

2. Auflage 2012
208 Seiten
11,90 €
ISBN 978-3-940580-92-4

Erhältlich im Buchhandel und bei den Verbraucherzentralen

verbraucherzentrale